Caderno do Futuro

Simples e prático

História

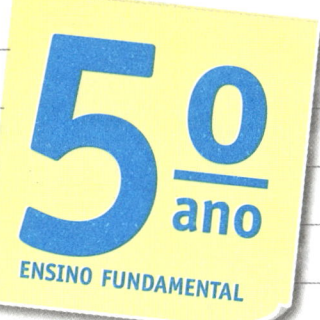

5º ano

ENSINO FUNDAMENTAL

3ª edição
São Paulo - 2013

IBEP

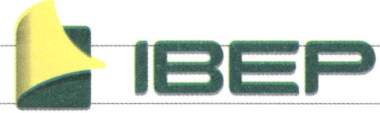

Coleção Caderno do Futuro
História e Geografia
© IBEP, 2013

Diretor superintendente	Jorge Yunes
Gerente editorial	Célia de Assis
Editor	Renata Regina Buset
Assessora pedagógica	Valdeci Loch
Assistente editorial	Fernanda Santos
Revisão	André Tadashi Odashima
	Berenice Baeder
	Luiz Gustavo Bazana
	Maria Inez de Souza
Coordenadora de arte	Karina Monteiro
Assistente de arte	Marilia Vilela
	Tomás Troppmair
	Nane Carvalho
	Carla Almeida Freire
Coordenadora de iconografia	Maria do Céu Pires Passuello
Assistente de iconografia	Adriana Neves
	Wilson de Castilho
Ilustrações	Luis Moura
	José Luis Juhas
Cartografia	Carlos Henrique da Silva
	Mario Yoshida
Produção gráfica	José Antônio Ferraz
Assistente de produção gráfica	Eliane M. M. Ferreira
Projeto gráfico	Departamento Arte Ibep
Capa	Departamento Arte Ibep
Editoração eletrônica	N-Publicações

CIP-BRASIL. CATALOGAÇÃO-NA-FONTE
SINDICATO NACIONAL DOS EDITORES DE LIVROS, RJ

P32h

Passos, Célia
   História e Geografia : 5º ano / Célia Maria Costa Passos, Zeneide Albuquerque Inocêncio da Silva. - 3. ed. - São Paulo : IBEP, 2012.
      il. ; 28 cm.   (Novo caderno do futuro)

   ISBN 978-85-342-3518-1 (aluno) - 978-85-342-3523-5 (mestre)

   1. História - Estudo e ensino (Ensino fundamental). 2. Geografia - Estudo e ensino (Ensino fundamental). I. Silva, Zeneide II. Título. III. Série.

12-8654.   CDD: 372.89
                                                              CDU: 373.3.0162:930

27.11.12 28.11.12   040992

3ª edição - São Paulo - 2013
Todos os direitos reservados.

Av. Alexandre Mackenzie, 619 - Jaguaré
São Paulo - SP - 05322-000 - Brasil - Tel.: (11) 2799-7799
www.editoraibep.com.br   editoras@ibep-nacional.com.br

Reimpressão Gráfica Cromosete - Janeiro 2016

SUMÁRIO

História

BLOCO 1 04
A expansão marítima e comercial da Europa
As navegações portuguesas
O descobrimento da América
O Tratado de Tordesilhas

BLOCO 2 09
O Brasil Colônia
A chegada dos portugueses ao Brasil
Os primeiros habitantes do Brasil
As primeiras expedições
As capitanias hereditárias
O sistema do governo-geral
As invasões francesas
A cana-de-açúcar
As invasões holandesas

BLOCO 3 26
Brasil Colônia
A expansão do nosso território
A Revolta de Beckman
A Guerra dos Emboabas
A Guerra dos Mascates
A Revolta de Felipe dos Santos
A Inconfidência Mineira
A Conjuração Baiana
A vinda da Família Real para o Brasil

BLOCO 4 37
O Brasil Império e a Independência do Brasil
O Primeiro Reinado e o período Regencial
O Segundo Reinado
A libertação dos escravos

Geografia

BLOCO 1 60
A Terra

BLOCO 2 64
O Brasil e a América do Sul

BLOCO 3 71
O clima e o relevo brasileiro

BLOCO 4 77
O litoral e os rios brasileiros

BLOCO 5 85
A vegetação, a agricultura e a pecuária brasileira

BLOCO 6 93
O comércio, a indústria e as comunicações no Brasil

BLOCO 7 101
Região Norte

BLOCO 8 111
Região Nordeste

BLOCO 9 120
Região Centro-Oeste

BLOCO 10 128
Região Sudeste

BLOCO 11 137
Região Sul

BLOCO 1

CONTEÚDOS:

- A expansão marítima e comercial da Europa
- As navegações portuguesas
- O descobrimento da América
- O Tratado de Tordesilhas

Rotas comerciais no século XV

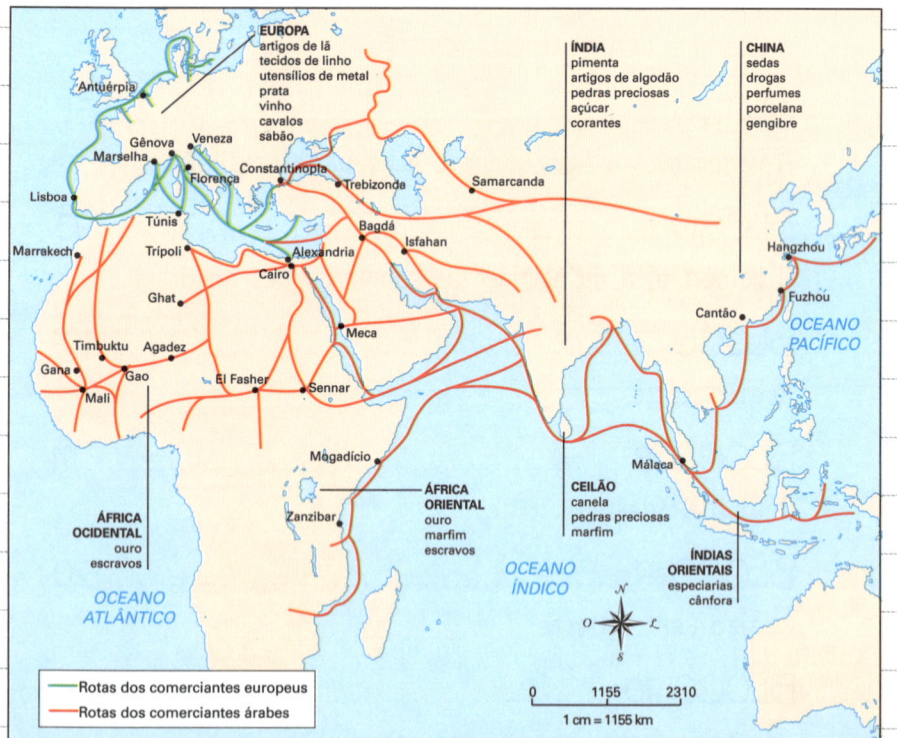

Fonte: *Atlas da história do Mundo.* São Paulo: Folha da Manhã, 1995.

Lembre que:

- No século XV (1401 a 1500), muitos comerciantes europeus comercializavam produtos com o Oriente, principalmente com as Índias. Os comerciantes compravam os produtos orientais e depois os vendiam bem caro na Europa. Esse comércio ocasionou a expansão marítima de alguns países europeus. Essa expansão é conhecida como Grandes Navegações.

- Os produtos mais procurados pelos europeus eram: tecidos de seda, porcelanas, perfumes, marfim e especiarias (cravo, canela, noz-moscada, gengibre e pimenta).

- Os primeiros europeus a praticarem esse comércio foram os mercadores italianos de Gênova e Veneza.

- Algumas invenções contribuíram muito para as Grandes Navegações: a bússola, o astrolábio e as caravelas.

- A bússola e o astrolábio são dois instrumentos de orientação utilizados pelos navegadores, e a caravela, uma embarcação marítima.

- Portugal, país pioneiro nas navegações, pretendia chegar às Índias contornando o continente africano.

- Os portugueses fizeram muitas viagens. Em 1498, o navegador Vasco da Gama chegou à cidade de Calicute, descobrindo o caminho marítimo para as Índias.

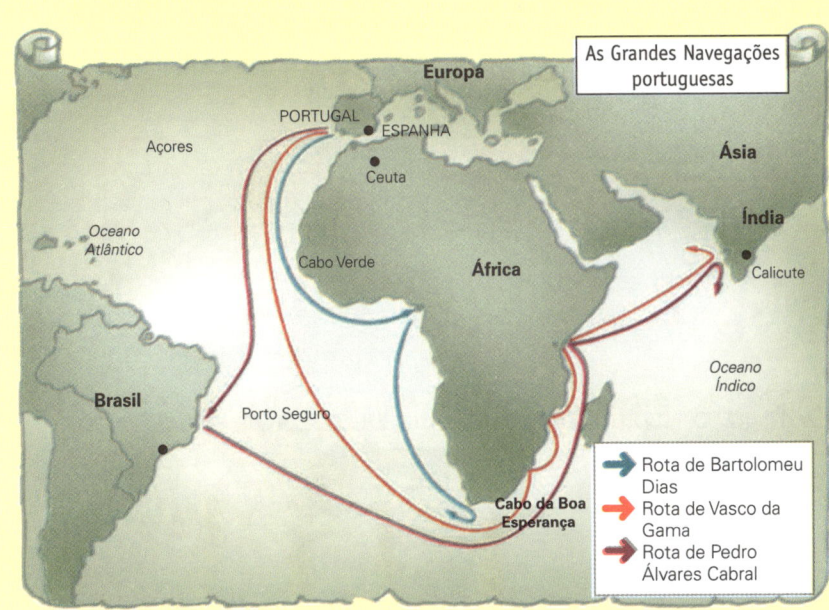

- A expansão marítima espanhola começou com a viagem de Cristóvão Colombo, um navegante genovês que pretendia chegar às Índias navegando em direção ao Ocidente.

- Os reis espanhóis, Fernando e Isabel, concederam-lhe três caravelas, Santa Maria, Pinta e Niña, para que ele concretizasse o seu plano. Ele partiu do porto de Palos, na Espanha, em 3 de agosto de 1492. Ocorreram diversas dificuldades, como a revolta dos marinheiros.

- No dia 12 de outubro de 1492, Colombo chegou às Antilhas, na Ilha de Guanahani, hoje São Salvador. Voltou para a Europa certo de que havia chegado às Índias.

- Mais tarde, Américo Vespúcio comprovou que se tratava de um novo continente. Em sua homenagem, o continente foi denominado América.

- Para resolver a questão das terras descobertas, os reis de Portugal e Espanha assinaram o Tratado de Tordesilhas em 1494. Esse tratado estabelecia um meridiano imaginário situado 370 léguas a oeste das ilhas de Cabo Verde. As terras leste desse meridiano pertenciam a Portugal e a oeste, à Espanha.

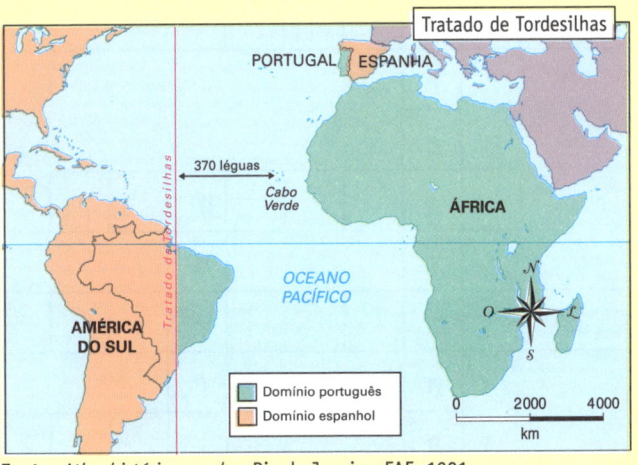

Fonte: *Atlas histórico escolar*. Rio de Janeiro: FAE, 1991.

1. Em que século tiveram início as Grandes Navegações?

2. Onde os europeus faziam comércio?

3. Preencha a cruzadinha com nomes de produtos trazidos das Índias pelos comerciantes europeus.

					p							
					o							
					r							
					c							
					e			m				
					l			a				
					a			r				
					n			f				
					a			i				
					s			m				

4. Quais foram os primeiros europeus a praticar o comércio no Oriente?

5. Que invenções contribuíram para as Grandes Navegações?

6. Para que servem a bússola e o astrolábio?

7. Escreva com suas palavras como cada invenção contribuiu para a realização das grandes viagens marítimas:

a) bússola

b) astrolábio

c) caravelas

8. Qual foi o caminho escolhido por Portugal para chegar às Índias?

9. O que fez Vasco da Gama em 1498?

10. Cite uma dificuldade enfrentada por Colombo durante sua viagem.

11. A que conclusão chegou Colombo ao desembarcar na nova terra?

12. Por que a nova terra recebeu o nome de América?

13. Escreva com suas palavras o que você entendeu sobre o Tratado de Tordesilhas.

14. Pinte o mapa de acordo com a legenda abaixo:

🟩 Terras pertencentes à Espanha

🟧 Terras pertencentes a Portugal

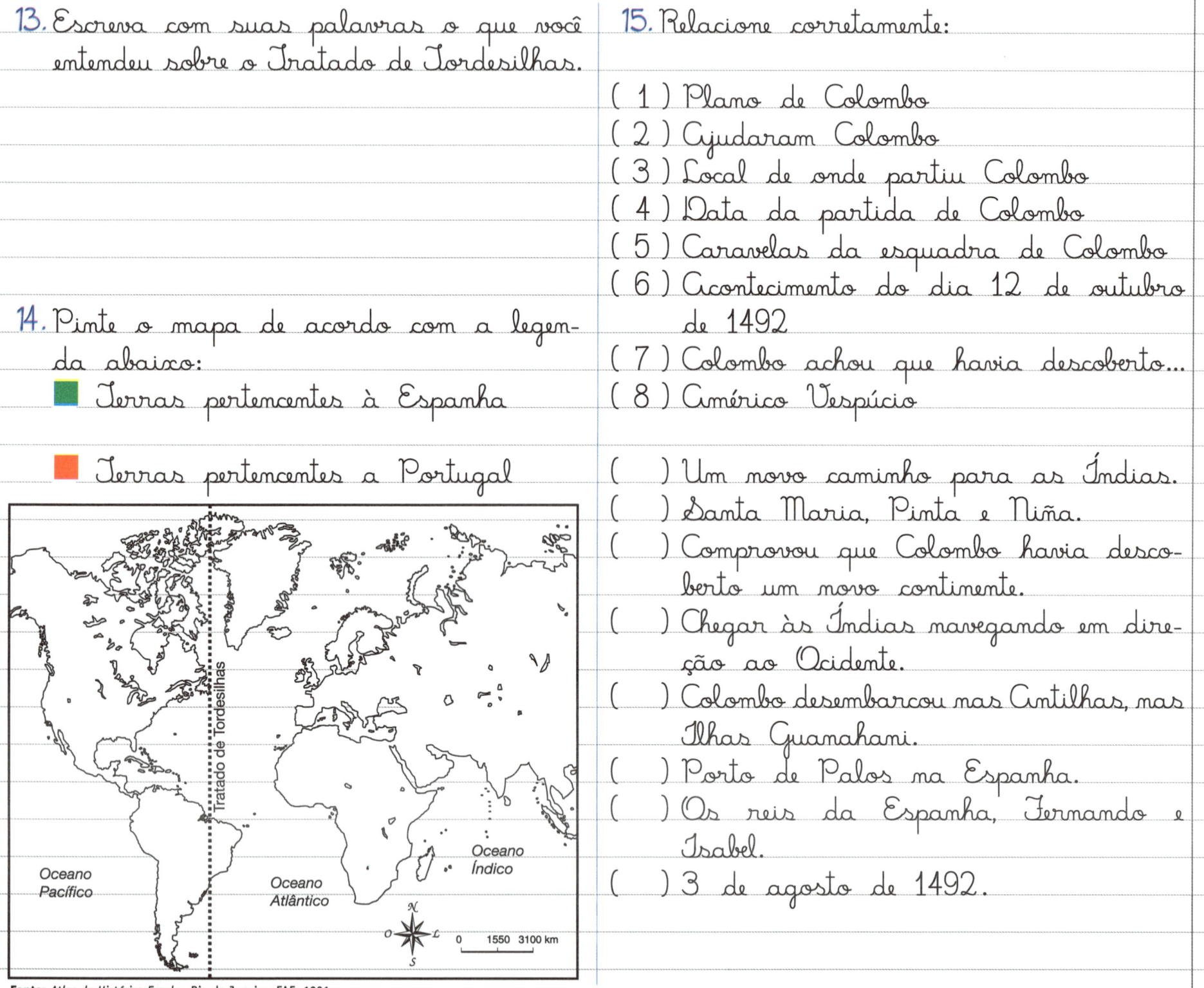

Fonte: *Atlas da Histórico Escolar.* Rio de Janeiro: FAE, 1991.

15. Relacione corretamente:

(1) Plano de Colombo
(2) Ajudaram Colombo
(3) Local de onde partiu Colombo
(4) Data da partida de Colombo
(5) Caravelas da esquadra de Colombo
(6) Acontecimento do dia 12 de outubro de 1492
(7) Colombo achou que havia descoberto...
(8) Américo Vespúcio

(   ) Um novo caminho para as Índias.
(   ) Santa Maria, Pinta e Niña.
(   ) Comprovou que Colombo havia descoberto um novo continente.
(   ) Chegar às Índias navegando em direção ao Ocidente.
(   ) Colombo desembarcou nas Antilhas, nas Ilhas Guanahani.
(   ) Porto de Palos na Espanha.
(   ) Os reis da Espanha, Fernando e Isabel.
(   ) 3 de agosto de 1492.

8

BLOCO 2

CONTEÚDOS:

- O Brasil Colônia
- A chegada dos portugueses ao Brasil
- Os primeiros habitantes do Brasil
- As primeiras expedições
- As capitanias hereditárias
- O sistema do governo-geral
- As invasões francesas
- A cana-de-açúcar
- As invasões holandesas

Os períodos da nossa História

Costuma-se dividir a História em três períodos:

→ **Brasil Colônia**
Início: 1500, com a tomada de posse de Portugal;
Término: 1822, com a proclamação da Independência;

→ **Brasil Império**
Início: 1822, com a proclamação da Independência;
Término: 1889, com a proclamação da República;

→ **Brasil República**
Início: 1889, com a proclamação da República;
Prolonga-se até os dias atuais.

Lembre que:

- D. Manuel, o Venturoso, rei de Portugal, ordenou uma nova expedição a Calicute, a fim de instalar feitorias na Índia e estabelecer o comércio de especiarias. O comando dessa expedição foi dado a Pedro Álvares Cabral, que numa grande esquadra formada por treze caravelas e mais de 1.500 homens, entre marinheiros, soldados, navegantes, comerciantes e padres, saíram de Portugal no dia 9 de março de 1500.

- No dia 22 de abril de 1500, os portugueses avistaram primeiramente um monte, denominando-o Monte Pascoal, porque era época de Páscoa.

- No dia 24 de abril, aportaram em um local que recebeu o nome de Porto Seguro, atual Baía de Cabrália, no estado da Bahia.

- No dia 26 de abril, Frei Henrique Soares de Coimbra rezou a primeira missa no Ilhéu da Coroa Vermelha.

- No dia 1º de maio foi celebrada a segunda missa. Cabral tomou posse da terra em nome de Portugal. O Brasil tornou-se colônia desse país.

- O escrivão da esquadra era Pero Vaz de Caminha, que escreveu ao rei uma carta, relatando a viagem e descrevendo os povos que habitavam o Brasil.

- Os portugueses batizaram a terra com vários nomes: Ilha de Vera Cruz, Terra de Santa Cruz e, finalmente, Brasil.

- O nome Brasil se deu por causa da grande quantidade de pau-brasil existente na terra; dessa madeira se extraía uma tinta vermelha muito usada naquela época.

1. Marque com um **x** as alternativas corretas:
   ( ) D. Manuel, o Venturoso, era rei de Portugal na época da chegada dos portugueses ao Brasil.
   ( ) Cabral saiu com três caravelas e 500 homens para uma viagem em direção às Índias.
   ( ) comandante da esquadra era Pedro Álvares Cabral.
   ( ) A viagem de Cabral levou à tomada de posse do Brasil.

2. Qual era a finalidade da esquadra de Cabral?

3. Quem viajava na esquadra comandada por Cabral?

4. Observe a imagem e responda:

Que fato aconteceu no dia 26 de abril de 1500?

5. Escreva os nomes que foram dados à nova terra:

6. Por que nosso país recebeu o nome de Brasil?

7. Circule no diagrama os nomes relacionados com o descobrimento do Brasil:

> Cabral - Henrique - Pero Vaz
> Vera Cruz - Brasil - Santa Cruz
> Manuel - Baía Cabrália

C	P	T	M	X	I	V	T	H	O	B	K	S	C	H	G
A	B	B	P	J	R	M	*	V	B	A	T	A	Q	C	B
B	C	A	V	X	H	K	S	E	R	Í	H	N	Ç	Q	R
R	D	Q	X	Z	S	T	M	R	M	A	W	T	P	C	A
A	M	A	N	U	E	L	F	A	O	*	P	A	M	B	S
L	T	L	Q	P	K	C	P	*	K	C	P	*	A	C	I
Q	I	M	N	A	Q	A	Ç	C	Z	A	I	C	M	P	L
H	E	N	R	I	Q	U	E	R	O	B	S	R	F	G	B
T	L	R	A	Y	C	O	U	U	L	R	L	U	X	A	P
X	D	Y	I	N	A	M	C	Z	N	Á	P	Z	X	S	R
Q	E	N	A	I	V	U	P	R	O	L	S	R	F	G	B
T	P	E	R	O	*	V	A	Z	L	I	L	U	X	A	P
Q	W	A	I	M	A	P	Ç	Z	N	A	R	A	X	S	R

8. Escreva com suas palavras o que você entendeu sobre a chegada dos portugueses ao Brasil.

Lembre que:

- Os povos indígenas foram os primeiros habitantes do Brasil. Viviam em nações. Cada nação era formada por várias tribos.
- As tribos organizavam-se em aldeias chamadas tabas.
- Cada aldeia era formada por um conjunto de ocas.
- O chefe guerreiro de cada aldeia era chamado de cacique, taxaua ou morubixaba, e o chefe religioso, de pajé.
- Os indígenas não usavam roupas e enfeitavam o corpo com plumas coloridas, dentes de animais e pinturas.
- A alimentação dos indígenas se constituía da caça, da pesca e de vegetais. Algumas tribos cultivavam a mandioca, o milho, o amendoim, a batata-doce.
- Suas armas eram a flecha, o arco, a lança, o tacape e a zarabatana.
- Em suas festas, cantavam, dançavam e tocavam instrumentos musicais, como o maracá (chocalho), o membi (flauta) e o guarará (tambor).
- Os povos indígenas acreditavam em várias divindades, como: Tupã (o trovão), Jaci (a Lua) e Guaraci (o Sol), Saci-Pererê (protetor dos vegetais), Navira (protetora dos peixes), Uirapuru (protetor das aves), Anhangá (protetor da caça).
- Os indígenas deixaram várias contribuições para nossa cultura: na alimentação (milho, mandioca etc.); no vocabulário (jacaré, jacarandá, tatu etc.); nos costumes (dormir em rede, tomar banho diariamente etc.); nas embarcações (jangadas e canoas). Hoje quem é responsável pela proteção dos povos indígenas é a Fundação Nacional do Índio (Funai), organização do governo brasileiro.
- Dia 19 de abril, comemora-se, no Brasil, o Dia do Índio.

9. Quais foram os primeiros habitantes do Brasil?

10. Como viviam os indígenas?

11. Numere corretamente:

(1) tribos   (   ) chefe dos indígenas
(2) oca   (   ) chefe religioso e curandeiro da tribo
(3) taba   (   ) instrumento musical indígena
(4) cacique   (   ) grupos em que se dividiam as nações indígenas
(5) pajé   (   ) reunião de ocas
(6) maracá   (   ) habitação coletiva indígena.

12. Cite dois trabalhos executados pelos homens e dois realizados pela mulheres indígenas:

13. Relacione as colunas:
(1) Jaci   (   ) protetor das aves
(2) Tupã   (   ) o Sol
(3) Guaraci   (   ) protetor da caça
(4) Saci-Pererê (   ) a Lua
(5) Navira   (   ) o raio e o trovão
(6) Uirapuru   (   ) protetor dos peixes
(7) Anhangá   (   ) protetor dos vegetais

14. Os indígenas andavam vestidos? Como se enfeitavam?

15. Quais eram os instrumentos musicais usados pelos indígenas?

16. Escreva duas contribuições deixadas pelos indígenas à nossa cultura:

   a) na alimentação

   b) no vocabulário

   c) nos costumes

   d) nas embarcações

17. O que significa Funai?

18. A que se destina a Funai?

19. Em que dia comemoramos o Dia do Índio?

20. Pesquise em jornais, revistas, livros etc., artigos sobre o Índio; recorte e cole no espaço abaixo. Em seguida, faça um breve comentário (escrito) sobre o que você pesquisou.

21. Você conhece algo sobre o Uirapuru? O quê? Registre abaixo:

Lembre que:

- A **primeira expedição exploradora** (1501) tinha a finalidade de explorar o litoral. O comandante, Gaspar de Lemos, verificou que não se tratava de uma ilha e denominou a terra de Terra de Santa Cruz. Ele deu nome a vários acidentes geográficos: Cabo de São Roque, Cabo de São Tomé, Baía de Todos os Santos.

- A **segunda expedição exploradora** (1503) foi comandada por Gonçalo Coelho. Ele fundou uma feitoria em Cabo Frio (Rio de Janeiro). Feitoria era uma espécie de depósito para guardar pau-brasil.

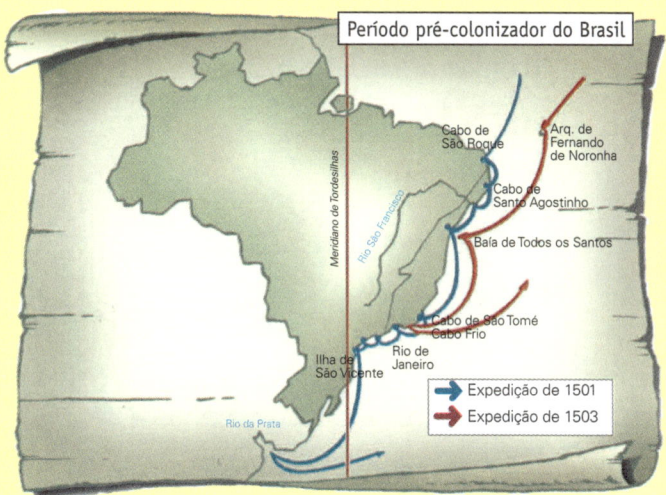

- Os franceses também se interessaram em explorar o pau-brasil. Por isso, o rei de Portugal, D. João III, enviou duas **expedições guarda-costas**, em 1516 e 1526, comandadas por Cristóvão Jacques. Essas expedições não conseguiram combater o contrabando de pau-brasil praticado pelos franceses.
O comandante Cristóvão Jacques, então, aconselhou ao rei a povoação da terra como única solução para afastar a ameaça francesa.

- Em 1530 veio para o Brasil a **expedição colonizadora** de Martim Afonso de Sousa, que deveria expulsar os franceses, fundar vilas e iniciar a formação de povoados. Essa expedição trouxe colonos, instrumentos agrícolas, sementes, plantas e animais domésticos.

- Em 1532, Martim Afonso fundou a primeira vila do Brasil, a Vila de São Vicente.

- Em 1553, Martim Afonso voltou para Portugal. O rei D. João III adotou no Brasil o sistema de capitanias hereditárias.

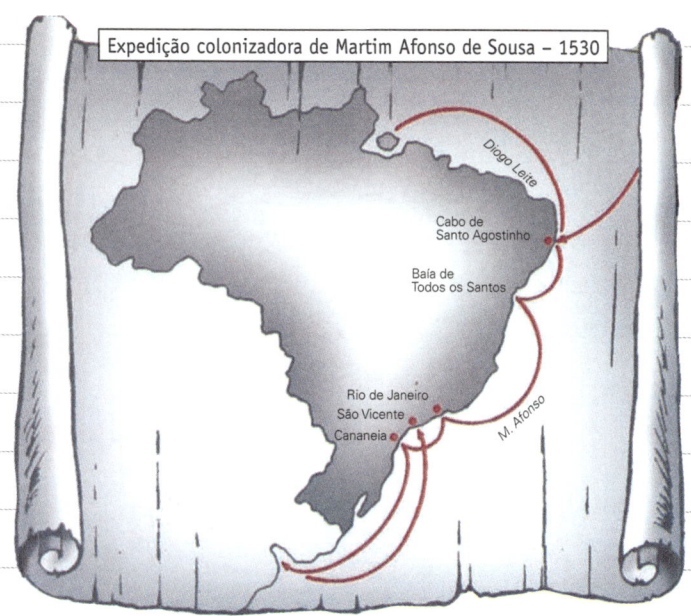

22. Complete:

a) A primeira expedição exploradora tinha a finalidade de _____ e chegou ao Brasil em _____.

b) _____ : espécie de depósito para guardar pau-brasil.

c) _____ : madeira vendida na Europa.

d) _____ chefiava a primeira expedição exploradora.

e) _____ foram alguns nomes dados por Gaspar de Lemos aos acidentes geográficos descobertos.

f) _____ chefiava a segunda expedição exploradora.

g) _____ comandou as expedições guarda-costas.

h) As expedições guarda-costas vieram combater o _____ de pau-brasil praticado pelos _____ .

23. Em que ano chegou ao Brasil a expedição colonizadora? Quem a chefiava?

24. O que essa expedição deveria fazer?

25. O que Martim Afonso fez de importante em janeiro de 1532?

26. O que trouxe a expedição colonizadora?

27. Após a volta de Martim Afonso de Sousa para Portugal, que modelo colonizador D. João III adotou?

Lembre que:

- No ano de 1534, o rei de Portugal, D. João III, dividiu o Brasil em quinze lotes de terra e entregou-os a pessoas de sua confiança.

Fonte: *Atlas histórico escolar*. Rio de Janeiro: FAE, 1991.

- Os lotes denominavam-se capitanias hereditárias e os seus responsáveis possuíam o título de capitão ou donatário. Elas eram hereditárias porque passavam de pai para filho. Os donatários recebiam do rei dois documentos: 1. Carta de doação; 2. Foral (estabelecia os direitos e deveres). Os donatários tinham a responsabilidade de desenvolvê-las com seus próprios recursos financeiros.

- Os donatários tinham como direito cobrar impostos e exercer a justiça estabelecida pelo rei, porém, como dever, deviam desenvolver a capitania e morar nela.

- Essa divisão não deu bons resultados em virtude da grande extensão de cada capitania, da falta de recursos financeiros dos donatários para colonizá-las e dos ataques dos indígenas.

- As únicas capitanias que prosperaram foram: Pernambuco, doada a Duarte Coelho, e a de São Vicente, doada a Martim Afonso de Sousa.

28. Complete:

a) O Brasil foi dividido em _____ lotes de terra.

b) O nome dado aos lotes era: _____

c) Os donos desses lotes eram chamados: _____.

d) _____ foi o rei que dividiu o Brasil em capitanias hereditárias.

e) _____ dois direitos dos donatários.

f) Dois deveres dos donatários eram:

g) O donatário da capitania de São Vicente era _____ .

h) O donatário da capitania de Pernambuco era _____ .

i) Duas dificuldades encontradas pelos donatários eram _____ .

j) Dois documentos entregues pelo rei ao donatário foram _____ .

k) Por que, na sua opinião, somente as capitanias de Pernambuco e São Vicente prosperaram?

29. Escreva no mapa os nomes das capitanias:

Fonte: *Atlas histórico escolar*. Rio de Janeiro: FAE, 1991.

Lembre que:

- Com o fracasso das capitanias hereditárias, em 1548, o rei de Portugal, D. João III, criou o governo-geral para administrar toda a colônia. A sede foi instalada na capitania da Baía de Todos os Santos.

- O monarca português assinou, em 1548, o Regimento Real, criando o cargo de governador-geral do Brasil, que deveria:
  → centralizar e coordenar a administração;
  → defender as costas brasileiras dos ataques corsários;
  → fiscalizar as capitanias;
  → desenvolver economicamente o Brasil.

- Os governadores-gerais tinham como auxiliares:
  → **provedor-mor**: era responsável pela administração das finanças.
  → **ouvidor-mor**: autoridade suprema na administração da justiça.
  → **capitão-mor**: era responsável pela defesa da costa.

- **Tomé de Sousa**, o primeiro governador, chegou em 1549, trouxe soldados, colonos e seis jesuítas, chefiados pelo padre Manoel da Nóbrega. Acontecimentos que marcaram seu governo:

- Fundação de Salvador, primeira capital do Brasil;

- Criação do primeiro bispado do Brasil, com D. Pero Fernandes Sardinha;

- Fundação de um colégio em Salvador, dirigido pelos jesuítas;

- Incentivo à agricultura e introdução de gado no Nordeste. Em 1553, Tomé de Souza foi substituído por Duarte da Costa.

- **Duarte da Costa**, o segundo governador, chegou ao Brasil em 1553, trouxe mais colonos e jesuítas, entre eles, o padre José de Anchieta. Os jesuítas fundaram, em 25 de janeiro de 1554, o Colégio de São Paulo de Piratininga (origem da atual cidade de São Paulo). Nesse governo houve invasão francesa no Rio de Janeiro, em 1555. Em 1557 Duarte da Costa voltou a Portugal, e quem o substituiu na Bahia foi Mem de Sá.

- **Mem de Sá**, o terceiro governador, que governou durante quase 15 anos, isto é 1557 a 1572, preocupou-se com o crescimento da colônia.

- Pacificou os índios e pôs fim à Confederação dos Tamoios.

- Expulsou os franceses do Rio de Janeiro, ajudado pelos colonos, pelos indígenas e por reforços vindos de Portugal e comandados por seu sobrinho, Estácio de Sá, que para isso construiu, em 1º de março de 1565, um forte próximo à praia Vermelha e aí fundou uma povoação a que deu o nome de São Sebastião do Rio de Janeiro.

- Em 1572, Mem de Sá faleceu na Bahia, onde foi sepultado.

30. Por que o rei de Portugal criou o governo-geral?

31. Escreva o que deveria fazer o governador-geral:

a)

b)

c)

d)

Agora ligue cada auxiliar do governador às suas funções:

provedor-mor • • responsável pela defesa da costa.

ouvidor-mor • • responsável pela admnistração das finanças.

capitão-mor • • autoridade suprema na administração da justiça.

32. O que fez o primeiro governador-geral na colônia?

33. Associe corretamente:

1. Tomé de Sousa   2. Duarte da Costa
              3. Mem de Sá

( ) Invasão francesa no Rio de Janeiro em 1555.
( ) Primeiro governador-geral.
( ) Expulsou os franceses do Rio de Janeiro.
( ) Trouxe o jesuíta Manuel da Nóbrega.
( ) Trouxe o jesuíta José de Anchieta.
( ) Terceiro governador-geral.
( ) Fundou a cidade de Salvador, em 1549.
( ) Segundo governador-geral.
( ) Fundação do Colégio de São Paulo de Piratininga, em 1554.

Lembre que:

- A **primeira invasão francesa** ocorreu em 1555. Os franceses, chefiados por Nicolau Durand de Villegagnon, invadiram o Rio de Janeiro, para fundar uma colônia com o nome de França Antártica. Construíram o forte de Coligny, na ilha de Serigipe.

- O governador-geral, Mem de Sá, contando com a ajuda de tropas portuguesas, comandadas por Estácio de Sá, e de alguns indígenas, comandados por Araribóia, conseguiu expulsar os franceses em 1567.

- A **segunda invasão francesa** ocorreu em 1612. Os franceses, chefiados por Daniel de la Touche, invadiram o Maranhão, fundando a colônia França Equinocial. Fundaram o forte de São Luís, origem da atual capital do Maranhão. Permaneceram na região durante três anos.

- Jerônimo de Albuquerque e Alexandre de Moura expulsaram os franceses do Maranhão em 1615.

34. Em que ano se deu a invasão dos franceses no Rio de Janeiro? Por quem eram chefiados?

35. Que nome os franceses deram ao forte por eles construído?

36. Quem conseguiu expulsar os franceses do Rio de Janeiro? De quem recebeu ajuda?

37. Em que ano os franceses voltaram ao Brasil? Que lugar eles invadiram e por quem foram chefiados?

38. O que os franceses fundaram no Maranhão?

39. Por quem os franceses foram expulsos do Maranhão?

Lembre que:

- Em 1530, Martim Afonso de Sousa deu início à agricultura da cana-de-açúcar no Brasil.
- Foi em Pernambuco que o cultivo da cana-de--açúcar mais cresceu, em virtude do solo favorável, clima quente e úmido, do relevo do terreno (fácil de abrir caminhos até o litoral) e da menor distância de Portugal.
- A cultura da cana-de-açúcar provocou:
  → O aparecimento de vilas no litoral do Nordeste.
  → A introdução da mão de obra dos escravos negros;
  → O aparecimento de vilas no litoral do Nordeste e no Recôncavo Baiano (região da Baía de Todos os Santos);
  → A cobiça dos estrangeiros, principalmente holandeses, que invadiram o Brasil;
  → O desenvolvimento da criação do gado.
  → O açúcar passou a ser a principal riqueza da colônia.
  → Os senhores de engenho tornaram-se ricos e poderosos.
- A Holanda era o país responsável pelo transporte, refino e pela distribuição do açúcar em todo o mercado europeu.

40. Assinale com um **x** as informações corretas:

☐ Em 1530, Martim Afonso de Sousa deu início à agricultura da cana-de-açúcar no Brasil.

☐ O cultivo de cana-de-açúcar não deu certo no Nordeste em virtude do clima úmido e do solo, chamado de massapê.

☐ A cultura da cana-de-açúcar provocou o aparecimento de vilas no litoral do Nordeste.

☐ A cultura da cana-de-açúcar atraiu a cobiça dos estrangeiros, principalmente dos franceses.

☐ Os senhores de engenho tornaram-se ricos e poderosos.
☐ A Holanda era responsável pelo transporte, refino e pela distribuição do açúcar em todo o mercado europeu.

41. Complete a cruzadinha usando as palavras:

- CIDADES
- ENGENHO
- CHUVAS
- AGRICULTURA
- QUENTE
- RIQUEZA
- CLIMA
- SÃO VICENTE
- CRIAÇÃO DE GADO
- FABRICAÇÃO
- FUNDAÇÃO
- ÚMIDO

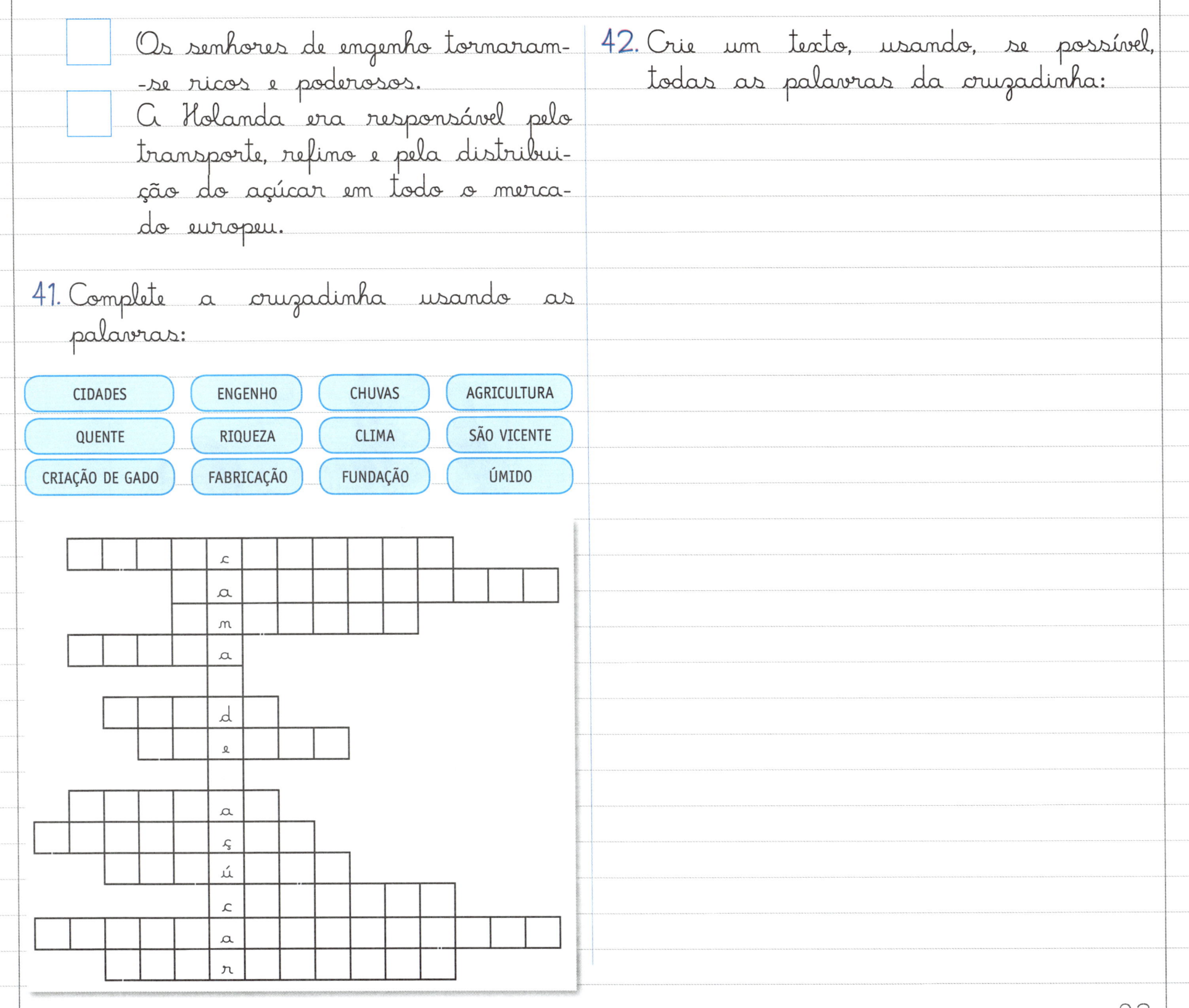

42. Crie um texto, usando, se possível, todas as palavras da cruzadinha:

Lembre que:

- Em 1580, morreu o rei de Portugal. O rei da Espanha, Felipe II, passou a governar os dois tronos.
- O rei Felipe II ordenou o fechamento dos portos de suas colônias aos holandeses e estes invadiram o Brasil.
- Em **1624**, ocorreu a **primeira invasão** na **Bahia**. O governador Diogo de Mendonça Furtado foi preso e levado para a Holanda. O bispo D. Marcos Teixeira assumiu a defesa da cidade e lutou contra os holandeses.
- Em 1625 vieram duas esquadras, uma de Portugal e outra da Espanha, expulsando os holandeses da Bahia.
- Em 1630, os holandeses invadiram novamente o Brasil. Atacaram Pernambuco, ocupando Olinda e Recife. O governador Matias de Albuquerque retirou-se para o interior, com a finalidade de organizar a resistência, e fundou um forte, ao qual deu o nome de Arraial do Bom Jesus. Ajudado por indígenas e escravos, conseguiu resistir aos invasores durante algum tempo.
- Em 1632, com a ajuda de Domingos Fernandes Calabar, os holandeses conseguiram algumas vitórias. Matias de Albuquerque foi obrigado a fugir para Alagoas. Anos depois, Calabar foi preso pelos portugueses e executado como traidor.
- Em 1637, chegou Maurício de Nassau para governar o Brasil holandês. Ele mandou construir novos engenhos e um observatório astronômico em Recife, abriu estradas, embelezou Recife e trouxe cientistas e pintores.
- Em 1644, Maurício de Nassau foi chamado de volta para a Holanda. Após sua saída, os pernambucanos reiniciaram a luta contra os holandeses. Eles organizaram um movimento que se chamou **Insurreição Pernambucana**, cujos líderes foram: João Fernandes Vieira, André Vidal de Negreiros, Felipe Camarão (Poti), o negro Henrique Dias e muitos outros.
- Houve muitas batalhas. Nas duas batalhas dos Montes Guararapes, os holandeses foram derrotados.
- Em 1654, os holandeses deixaram definitivamente o Brasil.

43. Quem passou a ocupar o trono português com a morte do rei de Portugal?

44. Que motivos levaram os holandeses a invadir o Brasil?

45. Responda:

   a) Qual foi o local da primeira invasão? Quando aconteceu e por quem era comandada a esquadra holandesa?

   b) Quem foi preso e enviado para a Holanda?

   c) Quem assumiu a defesa da cidade?

46. O que aconteceu em 1625?

47. Quando e em que local se deu a segunda invasão holandesa?

48. De quem os holandeses receberam ajuda?

49. Assinale algumas realizações de Maurício de Nassau:

   ☐ Construiu novos engenhos.
   ☐ Construiu um observatório astronômico em Recife.
   ☐ Reconstruiu Salvador.
   ☐ Perseguiu os que não eram da sua religião.
   ☐ Abriu estradas, embelezou Recife.
   ☐ Trouxe cientistas e pintores.

50. O que foi a Insurreição Pernambucana? Quem foram os seus líderes?

BLOCO 3

CONTEÚDOS:

- Brasil Colônia
- A expansão do nosso território
- A Revolta de Beckman
- A Guerra dos Emboabas
- A Guerra dos Mascates
- A Revolta de Felipe dos Santos
- A Inconfidência Mineira
- A Conjuração Baiana
- A vinda da Família Real para o Brasil

Lembre que:

- Desde o período colonial, os portugueses procuraram se expandir pelo Brasil, alargando o território colonial.

- As **entradas** foram as primeiras expedições oficiais, que tinham por finalidade penetrar e reconhecer o interior do país, escravizar os indígenas e descobrir ouro, prata e pedras preciosas. Elas não podiam ultrapassar o meridiano de Tordesilhas. Elas partiam de lugares diferentes, principalmente das terras dos atuais Estados do Maranhão, Ceará, Sergipe, Pernambuco, Bahia e Espírito Santo.

- As principais entradas foram as de Antônio Dias Adorno, Belchior Dias Moreia e outros.

- As **bandeiras** foram expedições organizadas por particulares e não respeitavam o Tratado de Tordesilhas.

- As bandeiras partiam de São Paulo, São Vicente, Itu, Sorocaba e Taubaté.

- Houve as bandeiras de caça ao indígena, as do ouro e as do sertanismo de contrato.

- As bandeiras de caça ao indígena foram organizadas para aprisionar indígenas e vendê-los aos proprietários de engenhos de cana-de-açúcar.

- Os principais bandeirantes caçadores de indígenas foram Antônio Raposo Tavares, Bartolomeu Bueno da Silva, Domingos Jorge Velho, Matias Cardoso, Manuel Preto, Jerônimo da Veiga e outros.

- As bandeiras do ouro tinham por fim procurar riquezas minerais: ouro, diamantes etc.

- Os principais bandeirantes do ouro foram: Fernão Dias Paes (conhecido como Caçador de Esmeraldas), Bartolomeu Bueno da Silva, Borba Gato, Antônio Rodrigues Arzão e Pascoal Moreira Cabral Leme.

- As bandeiras do sertanismo de contrato tinham a finalidade de recuperar escravos que fugiam para os quilombos e combater indígenas rebeldes. O principal bandeirante dessa atividade foi Domingos Jorge Velho.

1. O que eram entradas e quais as finalidades das entradas?

2. O que eram as bandeiras?

3. De onde partiam as bandeiras?

4. O que faziam os bandeirantes?

5. Assinale a alternativa correta:
O limite do Tratado de Tordesilhas não foi respeitado pelas:
☐ entradas.
☐ bandeiras.

Como podemos classificar as bandeiras?

6. Quais os objetivos das seguintes bandeiras?

a) bandeiras de caça ao indígena

b) bandeiras do ouro

c) bandeiras de sertanismo de contrato.

Lembre que:

- A partir das descobertas de metais e pedras preciosas, Portugal passou a explorar ainda mais o Brasil.
- Os impostos e a fiscalização aumentaram.
- A pressão de Portugal fez com que ocorressem revoltas em defesa dos interesses brasileiros – movimentos nativistas. São elas:
  → Revolta de Beckman;
  → Guerra dos Emboabas;
  → Guerra dos Mascates;
  → Revolta de Felipe dos Santos;
  → Inconfidência Mineira;
  → Conjuração Baiana.

7. Procure no diagrama os termos que completam as frases abaixo:

```
A N O M O V I M E N T O S I N
S M L E X P L O R A V A M A I
C I C O X L O N L T I C I P X
L E F X M O P C H I O O C M I
F I S C A L I Z A V A M S A M
I L A E C M F K U I Z E B S A
D I M O V I M O H S A R I C O
E P I E E C H S O T L C N A U
N A C I A O N A L A M I C T R
C I I M P O S T O S I O O E M
I M P O L S O S L X S M N S N
N C O P H I P H P S C I R A C
F E L I P E * S A N T O S J L
X C H X I S M I B O M A C S R
I N C O N F I D E N C I A B A
M I S H O I N I C F I A C R S
S L N D O S E E K O I L S F D
C O R B U H I I M H D H I O E
A U O I R L R R A A E S H L T
T R I F O S A A N N N C C I M
E M B O A B A S H I C I E O Q
S N S C E L M C A O I O S M G
```

a) Os _____ foram conflitos políticos e econômicos entre brasileiros e portugueses.

28

b) As principais revoltas nativistas foram:
A Revolta de _____, a Guerra dos _____, a Guerra dos _____, a Revolta de _____ dos _____ e a _____.

c) Os portugueses _____ nossas terras, cobravam altos _____, proibiam o _____, a exploração do _____.

Lembre que:

- **Revolta de Beckman**
  → Para solucionar o problema da mão de obra nas lavouras, Portugal criou a Companhia de Comércio do Maranhão, responsável por trazer escravos negros. A companhia não cumpriu o contrato e os maranhanses, liderados por Manuel Beckman, rebelaram-se, resultando no fechamento da Companhia e na expulsão dos jesuítas.

8. Em que estado ocorreu a Revolta de Beckman?

9. Que consequências teve a Revolta de Beckman?

10. O que gerou a revolta dos maranhenses?

11. Qual era a obrigação da Companhia de Comércio do Maranhão?

Lembre que:

- **Guerra dos Emboabas – Minas Gerais – 1708-1709**

    → Os paulistas descobriram ouro em Minas Gerais. Esse ouro atraiu portugueses e brasileiros de outras localidades. Travaram-se violentas disputas entre os "emboabas" (palavra que significa forasteiro, invasor) e os paulistas.

    → Os "emboabas" foram liderados pelo português Manuel Nunes Viana, que comandou as tropas contra os paulistas. O combate mais importante foi às margens do Rio das Velhas, local conhecido como Capão da Traição. Os paulistas caíram em uma emboscada e muitos morreram.

    → Os paulistas se retiraram e foram procurar ouro nas terras dos atuais Estados de Goiás e Mato Grosso.

12. Explique com suas palavras a Guerra dos Emboabas:

Lembre que:

- **Guerra dos Mascates – Pernambuco – 1710**

    → A Guerra dos Mascates foi um conflito entre os senhores de engenho de Olinda e ricos comerciantes portugueses (mascates) de Recife. Recife queria tonar-se livre de Olinda. A vila de Olinda era sede da Capitania de Pernambuco. Os portugueses emprestavam dinheiro aos senhores de engenho, empobrecidos com o baixo preço do açúcar no mercado exterior. Assim, Recife, que tinha prosperado muito, queria tornar-se livre da influência dos homens de Olinda.

    → Em Recife foi erguido o pelourinho, um obelisco de pedra, símbolo do poder municipal.

    → Os olindenses se revoltaram e invadiram Recife.

    → Portugal mandou um novo governador para Pernambuco. Alguns senhores de engenho foram presos e Recife passou a ser a capital da capitania de Pernambuco, ocupando o lugar de Olinda.

Guerra dos Mascates

13. Responda sobre a Guerra dos Mascates.

a) Local:

b) Pessoas envolvidas:

c) Motivo do conflito:

d) Significado do Pelourinho e onde foi erguido:

e) Atitude dos olindenses:

f) Resultado do conflito:

Lembre que:

- **A Revolta de Felipe dos Santos – Minas Gerais – 1720**
- Em 1720, Felipe dos Santos liderou uma revolta em Vila Rica, Minas Gerais. O principal motivo dessa revolta foi a criação das Casas de Fundição.
- Essas casas fundiam o ouro, transformado em barras e timbrado com o selo real, que comprovava o pagamento do **quinto**, imposto pago a Portugal.
- Os mineiros exigiam que o governo português fechasse as Casas de Fundição e diminuísse o valor dos impostos. O governo reagiu e condenou o líder da revolta à morte, sendo enforcado e esquartejado em praça pública.

14. Em que ano se deu a Revolta de Felipe dos Santos? Onde ocorreu?

15. Qual foi o principal motivo dessa revolta?

16. O que os mineiros exigiam?

17. Como foi punido o chefe dos revoltosos?

 Lembre que:

Inconfidência Mineira – Vila Rica – 1789

- Foi o primeiro movimento pela independência do Brasil. Dentre os inconfidentes destacou-se Joaquim José da Silva Xavier, apelidado de Tiradentes.

- Os mineradores não conseguiam pagar os impostos cobrados por Portugal. A metrópole decretou, então, a Derrama, que era a cobrança forçada dos impostos atrasados.

- Os inconfidentes queriam o fim dos impostos sobre o ouro, o perdão de todas as dívidas atrasadas, o fim do domínio português em Minas Gerais, a instituição de uma República, a fundação de uma universidade em Vila Rica, a abertura de escolas para o povo e a criação do serviço militar obrigatório.

- A Inconfidência fracassou. Silvério dos Reis, um dos inconfidentes, denunciou os planos às autoridades de Minas Gerais.

- Todos os participantes foram presos e o líder, Joaquim José da Silva Xavier, o Tiradentes, foi condenado à morte e enforcado, no dia 21 de abril de 1792, no Rio de Janeiro.

18. Responda sobre a Inconfidência Mineira.

a) Ano e local:

b) Principal líder:

c) Apelido do principal líder:

d) Objetivo dos inconfidentes:

e) Significado de "Derrama":

f) Resultado do conflito:

> **Lembre que:**
>
> **Conjuração Baiana – Bahia – 1798**
>
> - Foi um movimento organizado por negros e mestiços, que defendiam a proclamação da República, o fim dos privilégios, a igualdade entre as etnias e a abolição da escravatura.
> - Em virtude da profissão de alguns participantes, ela também é conhecida como a Conjuração dos Alfaiates.
> - O governo conseguiu dominar o movimento e muitos líderes foram condenados à morte e executados.

Salvador (Bahia)

19. Responda:

a) Em que ano e local se deu a Conjuração Baiana?

b) Que grupos participaram desse movimento?

c) O que defendia a Conjuração Baiana?

d) Que outro nome recebeu a Conjuração Baiana? Por quê?

20. No mapa do Brasil:

- Localize e pinte os estados onde ocorreram os movimentos contra Portugal.

Fonte: IBGE. *Atlas geográfico escolar.* 5 ed. Rio de Janeiro: IBGE, 2009.

Lembre que:

- Em 1806, Napoleão Bonaparte, imperador da França, decretou contra a Inglaterra o Bloqueio Continental, estabelecendo que todos os países deviam fechar seus portos aos ingleses. Portugal não aderiu ao bloqueio.

- Em 1808, a Família Real portuguesa abandonou Portugal porque as tropas francesas invadiram o país. O príncipe regente D. João transferiu a sede do seu governo para o Brasil, no Rio de Janeiro.

- D. João tomou as seguintes medidas:
    → abriu os portos brasileiros às nações amigas;
    → criou o Banco do Brasil, a Academia Militar, o Jardim Botânico, a Biblioteca Nacional, a Imprensa Régia, o Arsenal da Marinha.
    → elevou o Brasil à categoria de Reino Unido de Portugal e Algarve.

- Em 1818, a mãe de D. João, D. Maria I, faleceu e ele foi coroado com o título de D. João VI.

- Em 1821, D. João VI voltou para Portugal, deixando seu filho, D. Pedro, como príncipe regente. Nesse momento, ele disse: "Pedro, se o Brasil se separar, antes que seja para ti, que me hás de respeitar, do que para alguns desses aventureiros".

21. Estabeleça relação entre as colunas.

(a) Bahia

(b) Comércio de negros

(c) Elevação de Recife à vila

(d) Procura do ouro

(e) Casas de Fundição

(f) Cobrança de impostos

☐ Revolta de Felipe dos Santos

☐ Conjuração Baiana

☐ Inconfidência Mineira

☐ Revolta de Beckman

☐ Guerra dos Mascates

☐ Guerra dos Emboabas

22. Complete as frases com as palavras do quadro:

> comércio - D. Pedro - abertura dos portos - Família Real - 1821 D. Maria I - 1808 - Portugal Rio de Janeiro - príncipe regente

a) A _____ veio para o Brasil em _____. A Corte instalou o governo no _____.

b) D. João governava como _____.

c) D. João determinou a _____ que permitia a todas as nações amigas o _____ com o Brasil.

d) Em _____, D. João VI voltou para _____ e deixou governando o Brasil seu filho _____.

23. Que medidas tomadas por D. João foram importantes para o Brasil?

24. Escreva o que D. João VI disse ao filho ao se despedir.

25. Que benefícios D. João proporcionou ao Brasil?

a)

b)

c)

BLOCO 4

CONTEÚDOS:
- O Brasil Império
- A Independência do Brasil
- O Primeiro Reinado
- O período Regencial
- O Segundo Reinado
- A libertação dos escravos

Lembre que:

- As cortes portuguesas queriam que o Brasil voltasse à condição de colônia e que D. Pedro retornasse a Portugal.
- Foi formado o Partido Brasileiro, que reunia pessoas como José Bonifácio, Cipriano Barata, Gonçalves Ledo, entre outros. Lutavam para que o Brasil não voltasse à condição de colônia.
- D. Pedro recebeu um abaixo-assinado dos brasileiros pedindo que ele ficasse no Brasil. No dia 9 de janeiro de 1822, ele atendeu ao desejo do povo, dizendo: "Como é para o bem de todos e felicidade geral da nação, estou pronto: diga ao povo que fico". Esse dia ficou conhecido como "O Dia do Fico".

- Pedro formou um ministério chefiado por José Bonifácio de Andrada e Silva.
- José Bonifácio de Andrada e Silva foi nomeado Ministro do Reino e dos Estrangeiros. A ele devemos grande parte de nossa independência. Sua influência sobre D. Pedro I foi decisiva.
- Sua atuação no Ministério foi marcada por vários decretos importantes, que resultaram na proclamação da Independência.
- Entre eles, podemos citar:
  → Cumpra-se: os decretos de Lisboa não entrariam em vigor, no Brasil, sem o consentimento de D. Pedro.
  → D. Pedro recebeu o título de "Defensor Perpétuo do Brasil".
  → Foi proibida a entrada de tropas portuguesas no Brasil.
- Por ter conduzido D. Pedro rumo à proclamação da Independência, demos a José Bonifácio o título de **Patriarca da Independência.**

Lembre que:

- No dia 7 de setembro de 1822, quando voltava de Santos para São Paulo, o príncipe D. Pedro, às margens do riacho do Ipiranga, recebeu um mensageiro que trazia cartas das Cortes, obrigando-o a voltar para Portugal. Diante desse fato, ele disse:

"Brasileiros: as Cortes de Lisboa querem escravizar-nos. De hoje em diante, nossas relações estão quebradas. Nenhum laço nos une mais. Estamos separados de Portugal. Independência ou morte!"

1. Quem passou a governar o Brasil após a partida de D. João VI para Portugal?

2. Qual era a intenção das Cortes de Portugal?

3. Qual era o objetivo do Partido Brasileiro?

4. Cite alguns participantes do Partido Brasileiro:

5. O que fez D. Pedro ao receber um abaixo-assinado pedindo-lhe que ficasse no Brasil?

6. Procure no dicionário e escreva o significado das seguintes palavras:

a) Constituição

b) Decreto

c) Patriarca

7. Qual a data do Dia do Fico? E o que significa?

8. Quem foi nomeado chefe do ministério criado por D. Pedro?

9. Por que José Bonifácio recebeu o título de Patriarca da Independência?

10. Qual a data da proclamação da Independência do Brasil?

11. O que disse D. Pedro, às margens do riacho Ipiranga, ao proclamar a Independência do Brasil?

Lembre que:

- Entre 1822 e 1831, o Brasil foi governado por D. Pedro I. Esse período é chamado de Primeiro Reinado.
- Os portugueses que viviam nas províncias da Bahia, Maranhão, Piauí, Pará e Cisplatina (atual Uruguai) não aceitavam a independência do Brasil. Isso levou D. Pedro I a contratar os serviços de oficiais estrangeiros para expulsar os portugueses das províncias revoltosas.
- Em 1824, D. Pedro I outorgou, ou seja, impôs a nossa primeira Constituição, que é a lei fundamental de um país. Ela estabelece os direitos e deveres dos cidadãos.
- A Constituição de 1824 dava plenos poderes ao Imperador e estabelecia que só as pessoas de maior posse podiam participar da política.
- D. Pedro acabou perdendo o apoio do povo. Em 1824, ocorreu a Confederação do Equador, em Pernambuco, que acabou atingindo outras províncias. D. Pedro I dominou o movimento, e um dos seus líderes, Frei Caneca, foi condenado à morte.
- Em 7 de abril de 1831, D. Pedro I abdicou, deixando o trono para o seu filho, D. Pedro de Alcântara, então com cinco anos de idade.

12. Qual o período do Primeiro Reinado?

13. Quem não aceitou a independência?

14. O que fez D. Pedro I para expulsar os portugueses das províncias revoltosas?

15. O que é Constituição?

16. Que fatos aconteceram em 1824?

17. Em que data D. Pedro I abdicou? Para quem ele deixou o trono?

18. Relacione as colunas:

(a) 1822 a 1831

(b) 1824

(c) 1831

☐ Primeira Constituição

☐ Primeiro Reinado

☐ D. Pedro I abdicou

Lembre que:

- Como Pedro de Alcântara não podia governar, porque tinha apenas 5 anos, o Brasil foi governado por regentes.
  → Regência Trina Provisória: formada por três pessoas que governaram durante dois meses.
  → Regência Trina Permanente: formada por três pessoas que governaram de 1831 a 1835.
  → Regência Una do Padre Diogo Antônio Feijó, de 1835 a 1837.
  → Regência Una de Araújo Lima, de 1837 a 1840.
- O período das Regências Unas foi muito agitado. Ocorreram várias revoltas.
- Essas revoltas foram provocadas pelos impostos elevados, pelas dificuldades das províncias para comercializar seus produtos e pela pobreza da população.
- As revoltas foram:
  → a Cabanagem, no Pará;
  → Balaiada, no Maranhão;
  → Sabinada, na Bahia;
  → Guerra dos Farrapos, no Rio Grande do Sul.
- Era necessário restabelecer a ordem no país e resolver as questões políticas, por isso foi antecipada a maioridade de Pedro de Alcântara, então com quase 15 anos de idade.

19. Por que D. Pedro de Alcântara não podia governar o Brasil?

20. Por quem o país ficou sendo governado?

21. Faça a correspondência:

(1) Regência Trina Provisória
(2) Regência Trina Permanente
(3) Regência Una do Padre Diogo Antônio Feijó
(4) Regência Una de Araújo Lima

( ) Era formada por três pessoas que governaram de 1831 a 1835.
( ) Governou de 1837 a 1840.
( ) Era formada por três pessoas que governaram durante dois meses.
( ) Governou de 1835 a 1837.

22. No período das Regências Unas ocorreram várias revoltas em diferentes lugares do Brasil.

a) Relacione:
(1) Cabanagem ( ) Rio Grande do Sul
(2) Sabinada ( ) Bahia
(3) Balaiada ( ) Maranhão
(4) Guerra dos Farrapos ( ) Pará

b) Agora, identifique e escreva no mapa do Brasil os nomes das revoltas em seus devidos estados.

Brasil – divisão política

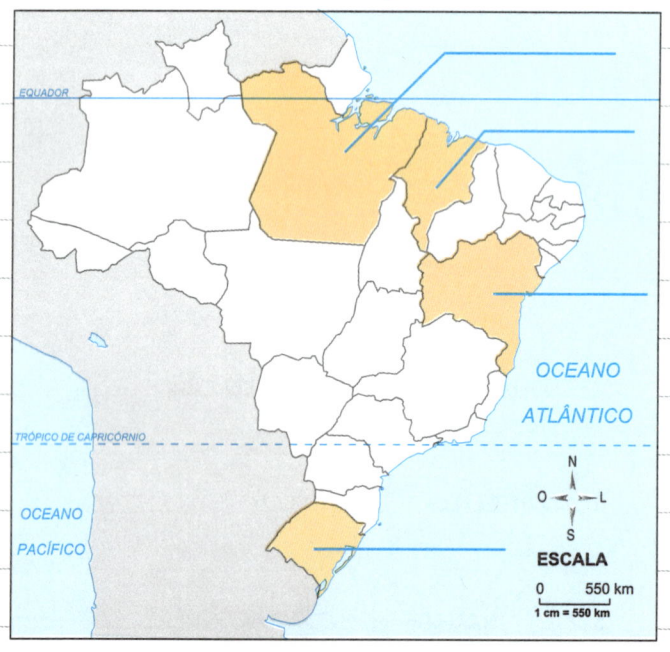

Fonte: IBGE. *Atlas geográfico escolar*. 5 ed. Rio de Janeiro: IBGE, 2009.

42

c) Cite as causas dessas revoltas:

23. Por que a maioridade de D. Pedro de Alcântara foi antecipada?

24. Responda sobre o período regencial, registrando apenas números:

a) início:

b) final:

c) duração:

Lembre que:

- Em 1840, Pedro de Alcântara foi coroado imperador com o título de D. Pedro II.

- O Segundo Reinado durou quase 50 anos.

- Nesse período, D. Pedro II conseguiu pacificar as revoltas regenciais e outras que ocorreram. Na pacificação, destacou-se Luís Alves de Lima e Silva, o futuro Duque de Caxias.

- Sufocou também a Revolução Praieira, em Pernambuco.

- D. Pedro II enfrentou conflitos com alguns países vizinhos. O mais longo foi a Guerra do Paraguai, que durou de 1865 a 1870.

- O café sustentava a economia brasileira, trazendo muita riqueza, o que permitiu ao governo investir na construção de ferrovias, melhoria de portos e instalação de indústrias.

25. Escreva, a seguir, as frases na ordem em que ocorreram os fatos:
- A economia do Brasil no século XIX sustentou-se com o cultivo do café.
- O Segundo Reinado durou quase cinquenta anos e nesse período o Brasil foi governado por D. Pedro II.
- D. Pedro II enfrentou conflitos com alguns países vizinhos. O conflito mais longo foi a Guerra do Paraguai.
- D. Pedro II conseguiu pacificar as revoltas iniciadas no período das Regências.
- O governo construiu ferrovias, melhorou os portos, ajudou a instalar indústrias e criou escolas.

a)

b)

c)

d)

e)

26. Leia a afirmação abaixo:

O café sustentou o Brasil

As primeiras plantações de café do Brasil datam do período colonial. Foi na monarquia, porém, que essa cultura alcançou grande expansão.

Pesquise sobre a expansão do café nessa época e anote abaixo as informações mais importantes:

Lembre que:

- Um dos acontecimentos mais importantes no governo de D. Pedro II foi a abolição da escravatura.
- A escravidão teve início no Brasil quando os portugueses trouxeram os negros capturados da África. Eles eram transportados em navios negreiros e muitos morriam na viagem.
- Os escravos negros trabalharam nos engenhos de cana-de-açúcar, depois na mineração e nas lavouras de café.
- Muitos negros se revoltaram contra essa situação e fugiram das fazendas para viver em quilombos, que eram povoações formadas por eles.
- O maior quilombo foi o de Palmares, em Alagoas. Seu principal líder foi Zumbi.
- A escravidão durou quase quatro séculos.
- No século XIX, surgiu um grupo de abolicionistas, entre eles o poeta Castro Alves, José do Patrocínio, Joaquim Nabuco e André Rebouças.
- Também os fazendeiros do Oeste Paulista defendiam a abolição, pois já contavam com a mão de obra do imigrante.
- Gradativamente, foram assinadas leis para libertar os escravos:
  → 1850, Lei Eusébio de Queirós, que proibia o tráfico de escravos;
  → 1871, Lei do Ventre Livre, que dava liberdade aos filhos dos escravos nascidos a partir dessa data;
  → 1885, Lei do Sexagenário, que dava liberdade aos escravos com mais de 65 anos;
  → 13 de maio de 1888, Lei Áurea, assinada pela princesa Isabel, filha de D. Pedro II, que abolia a escravidão no Brasil.

27. Responda:

a) De quem a princesa Isabel era filha?

b) Quem assinou a Lei Áurea e em que dia?

28. Relacione e descreva as leis assinadas para libertar os escravos, a partir de 1871:

29. Complete o diagrama com as palavras abaixo:

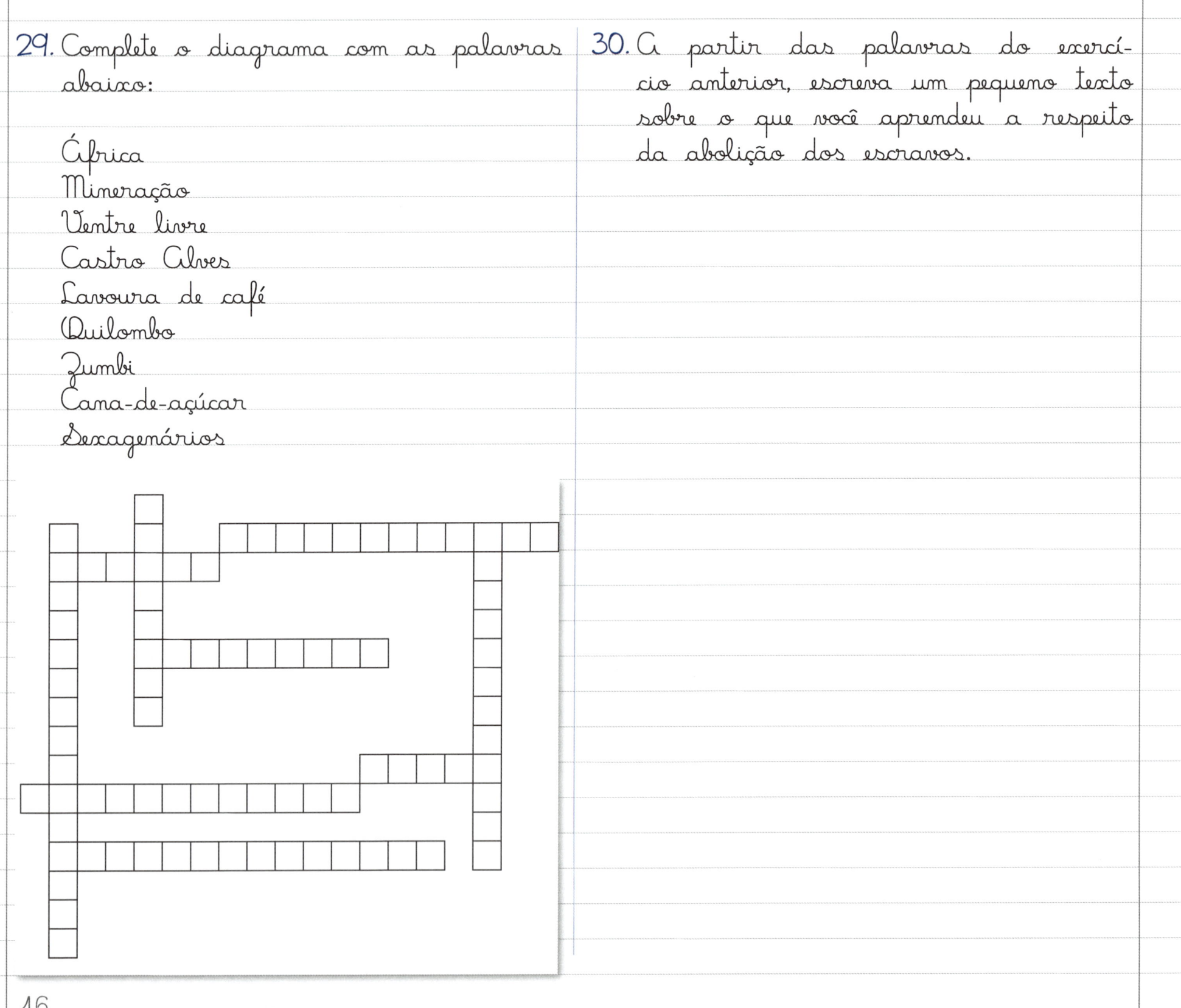

África
Mineração
Ventre livre
Castro Alves
Lavoura de café
Quilombo
Zumbi
Cana-de-açúcar
Sexagenários

30. A partir das palavras do exercício anterior, escreva um pequeno texto sobre o que você aprendeu a respeito da abolição dos escravos.

31. Escreva ao lado das palavras contribuições deixadas pelos negros:

a) na alimentação:

b) na vocabulário:

c) nos instrumentos musicais:

d) na música:

e) nas crenças:

32. Pesquise e escreva sobre como vivem os negros em nossa sociedade hoje.

BLOCO 5

CONTEÚDOS:
- O Brasil República
- A Proclamação da República
- Os períodos dos republicanos
- Período da redemocratização
- A Nova República

Lembre que:

- A ideia de um Brasil republicano era bastante antiga. Esteve presente em muitos dos movimentos da Colônia, como a Inconfidência Mineira, e no Império.
- A partir de 1870, o ideal republicano se fortaleceu.
- No dia 15 de novembro de 1889, na praça da Aclamação, hoje Praça da República, no Rio de Janeiro, o Marechal Deodoro da Fonseca proclamou a República no Brasil.
- Foi estabelecido um governo provisório com o próprio marechal. O Imperador D. Pedro II e sua família foram obrigados a deixar o Brasil e partiram para a Europa.
- As primeiras medidas do governo provisório foram:
  → adoção do regime republicano federativo;
  → as províncias foram transformadas em Estado Federado;
  → separação entre a Igreja e o Estado;
  → instituição do casamento civil;
  → adoção de uma bandeira republicana;
  → grande naturalização de estrangeiros;
  → convocação e instalação de uma Assembleia Constituinte.

Marechal Deodoro da Fonseca

1. A ideia de fazer do Brasil uma República era bastante antiga. Essa afirmação está certa ou errada? Leia o texto novamente e justifique sua resposta:

2. O que aconteceu no dia 15 de novembro de 1889?

3. Que destino teve o imperador D. Pedro II e sua família, após a proclamação da República?

4. Quais as principais medidas tomadas pelo governo provisório?

a)

b)

c)

d)

e)

f)

g)

Lembre que:

- O Marechal Deodoro presidiu o governo provisório até a promulgação da primeira Constituição da República, em 24 de fevereiro de 1891.
- A partir daí, os presidentes passaram a ser eleitos para governar por um período de quatro anos.
- Suas principais características são:
    → sistema federativo;
    → separação entre Igreja e Estado;
    → três poderes: Legislativo, Executivo e Judiciário;
    → ministros escolhidos pelo presidente;
    → senado temporário;
    → voto universal para maiores de 21 anos. Não podiam votar: analfabetos, mulheres, praças de pré e religiosos de ordem monásticas.
- Durante a República Velha, muitos presidentes foram indicados por São Paulo e Minas Gerais.
- Em São Paulo, estavam os poderosos fazendeiros do café e, em Minas Gerais, os grandes pecuaristas.
- O revezamento de paulistas e mineiros no governo ficaou conhecido como "Política do Café com Leite".
- Em 1930, uma revolução derrubou o presidente Washington, dando por terminado o período da República Velha.

5. Marque um **x** na resposta certa:

a) A primeira Constituição da República foi promulgada em:
☐ 1889
☐ 1890
☐ 1891

b) Pela Constituição de 1891:
☐ A Igreja Católica continuava oficial.
☐ A Igreja Católica foi separada do Estado.
☐ Foram oficializadas todas as religiões.

6. Cite as principais características da República Velha:

7. Leia:

Pela Constituição de 1891, foi estabelecido o voto universal para maiores de 21 anos. Não podiam votar: analfabetos, mulheres, praças de pré e religiosos de ordens monásticas.

Pesquise como é o voto pela Constituição atual. Há alguém que não pode votar?

> **Lembre que:**
> - A Era Vargas começou com a Revolução de 1930. Esta foi chefiada por Getúlio Vargas, que se tornou presidente do Brasil. Ele ficou no poder de 1930 a 1945.
> - Esse período é dividido em:
> - Governo Provisório, de 1930 a 1934;
> - Governo Constitucional, de 1934 a 1937;
> - Estado Novo, de 1937 até 1945.
> - Durante o Estado Novo, os partidos políticos foram extintos, a imprensa foi censurada, o Congresso foi dissolvido e foram nomeados interventores para governar os estados. Em 1945, as Forças Armadas depuseram o governo.

8. Como ficou conhecido o revezamento de paulistas e mineiros durante a República Velha?

9. O que aconteceu em 1930?

10. O que aconteceu durante a Era Vargas? Assinale v para as afirmativas verdadeiras e f para as falsas:
( ) Durante o Estado Novo, Getúlio Vargas convocou eleições para escolher o novo presidente do Brasil.
( ) Foram extintos os partidos políticos no período do Estado Novo.
( ) A imprensa foi censurada durante o Governo Provisório.
( ) O Governo Constitucional aconteceu de 1934 a 1937.
( ) O Congresso foi dissolvido em 1937 e 1945.

11. Quantos anos durou o período conhecido como a Era Vargas?

12. Quem chefiou a Revolução de 1930?

13. Pesquise sobre a vida de Getúlio Vargas e anote três aspectos importantes. Comente-os com seus colegas de turma.

14. O governo de Vargas marcou o início de uma nova fase para o trabalhador brasileiro. Pesquise sobre as mudanças trabalhistas que ocorreram nesse período e escreva um texto sobre suas descobertas.

Lembre que:

- Entre 1946 e 1964, o Brasil viveu o período da redemocratização. O país foi governado primeiramente por Eurico Gaspar Dutra em 1946.
- Em 1950, Getúlio Vargas foi eleito por voto popular; não concluiu o seu mandato, pois se suicidou em agosto de 1954. Seu vice, Café Filho, completou o mandato.
- Juscelino Kubitschek foi eleito em 1955. Durante o seu governo, ocorreu grande desenvolvimento industrial, a transferência da capital do país para Brasília e houve aumento da inflação.
- Jânio Quadros governou apenas sete meses, pois em agosto de 1961 renunciou. Seu vice, João Goulart, fez um governo que descontentou a classe dominante. Por isso, foi deposto pelas Forças Armadas em 31 de março de 1964.
- O período dos governos militares começou com o golpe de 1964 e terminou com a eleição do presidente civil Tancredo Neves, em 1984.
- Foi um período autoritário, e os meios de comunicação (jornais, televisão, rádio etc.) foram censurados. Foram extintos os partidos políticos e criaram-se apenas dois: Arena (a favor do governo) e MDB (oposicionista).

15. Pesquise sobre o período da redemocratização e resuma alguns fatos ocorridos nos governos de:

a) Getúlio Vargas

b) Juscelino Kubitschek

c) Jânio Quadros

d) João Goulart

16. Faça um relato sobre o período dos governos militares a partir de 1964:

Lembre que:

- Em 1984, depois de 20 anos de governos militares, teve início a Nova República, com a eleição indireta de um presidente civil. O Colégio Eleitoral elegeu Tancredo Neves como presidente e José Sarney como vice.
- Tancredo Neves não conseguiu tomar posse no cargo. Ele ficou muito doente e morreu em 21 de abril de 1985.
- Tomou posse o vice-presidente, José Sarney.
- Foi mudado o Sistema Monetário Brasileiro, com a introdução do Cruzado e, mais tarde, do Cruzado Novo.
- Em 5 de outubro de 1988, foi promulgada uma nova Constituição.
- A Constituição previa, entre outras coisas, a eleição direta para presidente da República.
- Em 15 de novembro de 1989, foram escolhidos Fernando Collor de Mello e Luiz Inácio Lula da Silva para disputar o segundo turno.
- Em 17 de dezembro, do mesmo ano, Fernando Collor de Mello foi eleito presidente por eleições diretas. No dia 15 de março de 1990, tomou posse no cargo.
- Imediatamente após a posse, iniciou um plano para controlar a inflação e substituiu o Cruzado Novo pelo Cruzeiro. Mas, depois de alguns meses, a inflação voltou a subir.
- Envolvido em um esquema de corrupção com o tesoureiro de campanha, Paulo César Farias, Collor foi afastado do cargo. Em 29 de dezembro de 1992, Collor renunciou. Assumiu a Presidência da República o vice, Itamar Franco.

- Durante o governo de Itamar Franco, o país enfrentou os mesmos problemas do governo anterior: inflação alta, desemprego, corrupção etc. Em 1993, o governo nomeou Fernando Henrique Cardoso como ministro da Fazenda. Elaborado o Plano Real, criou-se uma nova moeda, o Cruzeiro Real, logo substituída pelo Real.
- Graças ao sucesso do Plano Real, Fernando Henrique foi eleito presidente no primeiro turno das eleições de 1994. Durante seu primeiro governo, a inflação foi controlada e muitas empresas do governo foram privatizadas (vendidas para empresas particulares).
- No final de 1998, Fernando Henrique Cardoso foi reeleito presidente, também no primeiro turno. Seu segundo governo começou no dia 1º de janeiro de 1999.

17. Quando foi promulgada a nova Constituição brasileira?

18. Quais foram os candidatos à sucessão de José Sarney na Presidência? Quem venceu a disputa? Em que turno da eleição?

19. Por que Fernando Collor de Mello não concluiu seu mandato?

20. Complete:

a) No governo de José Sarney a moeda brasileira mudou de Cruzeiro para _____.

b) No governo Collor, a moeda voltou a se chamar _____.

c) No governo de Itamar Franco, o Cruzeiro mudou para _____ e finalmente para _____.

21. Assinale as afirmativas corretas:
( ) Em 1984, depois de 20 anos de governos militares, teve início a Nova República, com a eleição indireta de um presidente civil.

( ) O governo de Fernando Collor de Mello conseguiu acabar com a inflação.

( ) O Plano Real criou uma nova moeda, o Cruzeiro Real, logo substituída pelo Real.

( ) Graças ao sucesso do Plano Cruzado, Fernando Henrique foi eleito presidente na eleição de 1994.

22. Durante o governo de Fernando Henrique Cardoso, muitas empresas do governo foram privatizadas, isto é, foram vendidas para empresas particulares. Faça uma pesquisa e escreva abaixo:
- Quais as empresas do governo que foram privatizadas?
- Os serviços oferecidos por essas empresas melhoraram?

Lembre que:

- Depois de quatro tentativas de chegar à Presidência, entra para a História o operário Luiz Inácio Lula da Silva como o presidente do Brasil mais votado e consagrado pelo povo.

- Lula tem uma história de vida marcada por realizações. Logo aos 12 anos de idade deixou a sua terra natal, a cidade de Garanhuns, situada a 230 km de Recife-PE, em direção a Vicente de Carvalho, no litoral paulista, em busca de novas oportunidades de vida. Foram treze dias de estrada entre Pernambuco e São Paulo, alimentando-se de farinha seca, rapadura e queijo.

- Ele e sua família chegaram a São Paulo em 1952, cheios de esperança nessa nova vida. Lula foi logo trabalhar como engraxate e entregador de roupas em uma lavanderia.

- Em 1963, formou-se torneiro mecânico pelo Senai e cursou até a 5ª série. Dando início a sua vida de operário, chegou a perder, num acidente, durante a manipulação das máquinas, seu dedo mínimo da mão esquerda.

- Sua vida política teve início numa atividade sindical, estimulada por seu irmão José Ferreira da Silva, o Frei Chico. Nessa época, o Brasil vivia em pleno regime militar e os metalúrgicos pretendiam desafiar o poder para obter melhores condições salariais. Eram movimentos de greves, piquetes e assembleias.

- Em 1979, houve uma paralização nas fábricas e os metalúrgicos, liderados por Lula, resistiam a voltar às atividades. Lula e mais sete sindicalistas foram presos. Nesse período, morreu sua mãe, Eurídice Ferreira de Mello, aos 65 anos.

- Fundou o Partido dos Trabalhadores (PT) em 1980, e após dois anos acrescentou oficialmente ao seu nome o apelido "Lula".
- Em 1989, disputou pela primeira vez a Presidência da República, mas perdeu para Fernando Collor de Mello. Em 1994 e 1998, seguidamente, entrou de novo na disputa pelo poder e perdeu para Fernando Henrique Cardoso.
- Em 2002, no dia 27 de outubro, ao completar 57 anos de vida, foi eleito com a maior votação da história do país.
- Iniciou seu mandato de quatro anos com um programa denominado "Fome Zero", criado como medida de emergência para atender à população desfavorecida.

23. Assinale a alternativa correta:

a) Quantas vezes Lula disputou a Presidência da República?
   ( ) 2 vezes
   ( ) 4 vezes
   ( ) 1 vez
   ( ) 3 vezes

b) Qual foi o seu primeiro emprego em São Paulo?
   ( ) engraxate
   ( ) torneiro mecânico
   ( ) caminhoneiro

24. De acordo com o texto relacione as dificuldades enfrentadas por Lula em sua vida pessoal.

25. Pesquise, em jornais ou revistas, um artigo que fale sobre a atuação de Lula como presidente da República e que você considere importante. Cole abaixo e faça um breve comentário.

Caderno do Futuro
Simples e prático

Geografia

3ª edição
São Paulo - 2013

5º ano
ENSINO FUNDAMENTAL

IBEP

BLOCO 1

CONTEÚDOS:
- A Terra
- A representação da Terra

Lembre que:

- A Terra, o planeta em que vivemos, faz parte do Sistema Solar.
- O Sistema Solar é formado por uma estrela (o Sol), oito planetas e vários satélites.
- **Astros** são corpos celestes. Eles podem ter luz própria ou não.
- As **estrelas** são astros que têm luz própria, como o Sol. O Sol ilumina os outros astros do Sistema Solar.
- Os **planetas** são astros que não possuem luz própria e giram ao redor do Sol. São eles: Mercúrio, Vênus, Terra, Marte, Júpiter, Saturno, Urano e Netuno.
- Os **satélites** são astros que não têm luz própria e giram ao redor de um planeta. A Lua é satélite da Terra.

1. Que astros fazem parte do Sistema Solar?

2. Quais são os planetas do Sistema Solar?

3. Responda:

   a) Qual é o maior planeta do Sistema Solar?

   b) Que planeta fica mais próximo do Sol?

4. O que são astros?

5. Dê a definição de estrelas e planetas:

- A Terra tem forma arredondada, ligeiramente achatada nos polos: Polo Norte e Polo Sul.
- Ela faz dois movimentos ao mesmo tempo: **rotação** e **translação**.
- **Movimento de rotação**: a Terra gira em volta de si mesma. Uma volta completa leva 24 horas, ou seja, 1 dia completo. Esse movimento dá origem aos dias e às noites.
- **Movimento de translação**: a Terra gira em volta do Sol. Esse movimento dura 365 dias e 6 horas, ou seja, 1 ano.
- O caminho que a Terra percorre em torno do Sol chama-se **órbita**.
- A Terra gira sempre inclinada. O movimento de translação e a inclinação da Terra originam as estações do ano: primavera, verão, outono e inverno.

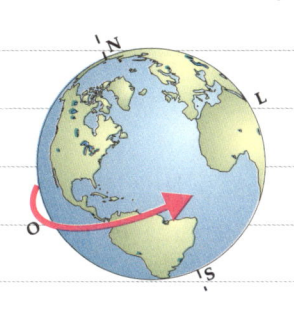

6. Observe as ilustrações e responda:

1)

2)

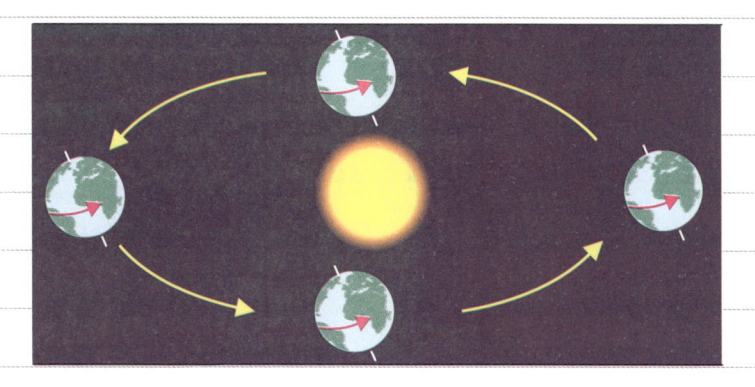

a) Que movimento realiza a Terra no desenho 1?

b) Explique o movimento da Terra no desenho 2.

c) Quanto tempo demora o movimento mostrado

- no desenho 1?

- no desenho 2?

7. Complete:

a) A Terra é um _____ de forma _____, ligeiramente _____ nos _____.

b) A Terra realiza um movimento em volta de si mesma, que dá origem aos _____.

c) A Terra realiza um movimento ao redor do Sol, que origina _____.

8. Como se chama o caminho que a Terra percorre em torno do Sol?

9. Escreva os nomes correspondentes aos astros do Sistema Solar:

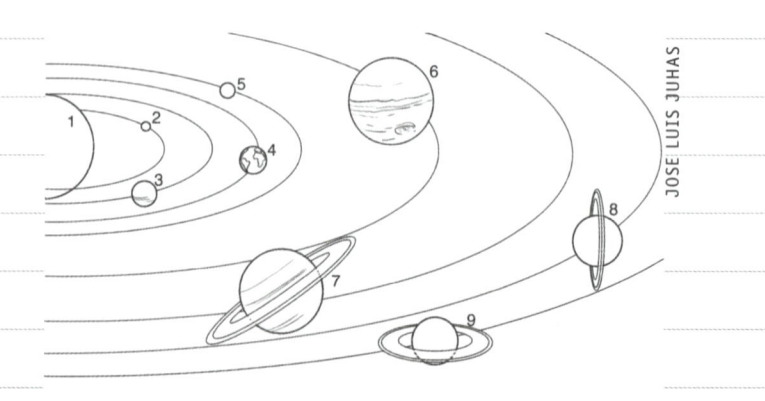

1. _____   6. _____
2. _____   7. _____
3. _____   8. _____
4. _____   9. _____
5. _____   10. _____

> **Lembre que:**
>
> - Podemos representar a Terra utilizando:
>   → O **globo terrestre**, que tem a forma de uma esfera e reproduz as partes da Terra em tamanho reduzido.
>   → Os mapas, como o mapa-múndi, que mostram, de forma plana, todas as partes da Terra de uma só vez.
> - Para nos ajudar a localizar um lugar na superfície da Terra, os globos terrestres e os mapas apresentam linhas imaginárias chamadas **paralelos** e **meridianos**.
>   → **Paralelos**: eles circundam a Terra no sentido horizontal. O Círculo do Equador, o principal paralelo, divide a Terra em duas partes iguais: o Hemisfério Norte e o Hemisfério Sul.
>   → **Meridianos**: são linhas imaginárias que atravessam os paralelos e passam pelos polos. O principal meridiano, o de Greenwich, divide verticalmente a Terra em duas partes iguais: o Hemisfério Oriental (Leste) e o Hemisfério Ocidental (Oeste).
> - Para que possamos saber onde fica um ponto na superfície terrestre, existem também os **pontos cardeais** e os **pontos colaterais**:
>   → Os pontos cardeais são Norte (N), Sul (S), Leste (E) e Oeste (O).
>   → Os pontos colaterais são Nordeste (NE), Noroeste (NO), Sudeste (SE) e Sudoeste (SO).

10. Como podemos representar a Terra?

11. Preencha o diagrama de acordo com as informações:

> 1. Mostra todas as partes da Terra como se fosse um globo aberto ao meio.
> 2. Linhas imaginárias que circundam a Terra.
> 3. Metade de uma esfera.
> 4. Principal meridiano.
> 5. Linhas imaginárias que atravessam os paralelos e passam pelos polos.
> 6. Principal paralelo.

12. Pinte no planisfério (mapa-múndi):
- de azul a parte dos oceanos da Terra.
- de marrom a parte dos continentes da Terra.

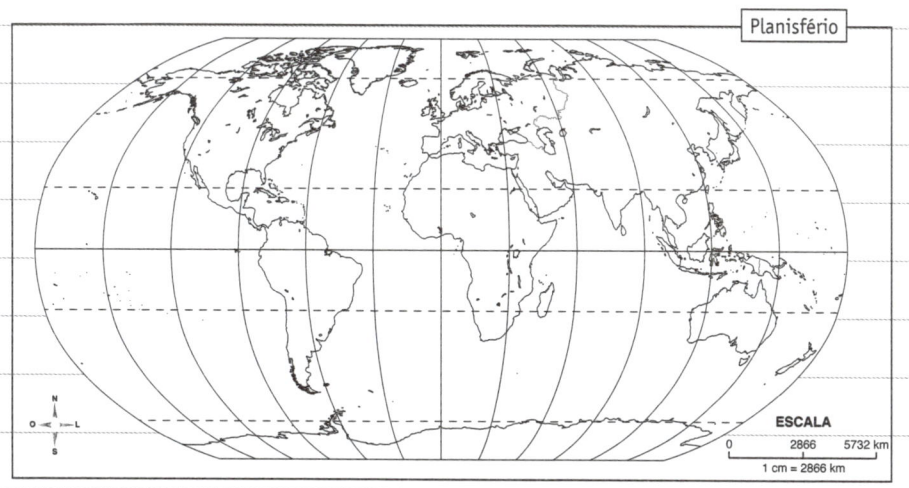

Fonte: *Atlas Geográfico Escolar.* Rio de Janeiro: IBGE, 2009.

13. Localize na rosa dos ventos os pontos cardeais e os colaterais:

63

BLOCO 2

CONTEÚDOS:
- O Brasil e a América do Sul
- A divisão política do Brasil

Lembre que:

- O Brasil localiza-se no continente americano, na América do Sul. Ele é o maior país sul-americano em área e em população.
- O continente americano é formado pela América do Norte, pela América Central e pela América do Sul.
- Os limites do Brasil são:
  → ao Norte (N) – Venezuela, Guiana, Suriname, Guiana Francesa e Oceano Atlântico;
  → a Noroeste (NO) – Colômbia;
  → a Nordeste (NE), a Leste (E) e a Sudeste (SE) – Oceano Atlântico;
  → a Oeste (O) – Peru e Bolívia;
  → a Sudoeste (SO) – Paraguai e Argentina;
  → ao Sul (S) – Uruguai.
- O Brasil só não faz limite com o Chile e o Equador.

América do Sul

Fonte: IBGE. *Atlas geográfico escolar*. 5 ed. Rio de Janeiro: IBGE, 2009.

1. Complete:

a) O Brasil está situado no _____, na _____.

b) O continente é formado pela _____, pela _____ e pela _____.

c) Pesquise o nome de:
- dois países da América Central.

- dois países da América do Norte.

2. Vamos trabalhar com o mapa da América do Sul.
- Escreva os nomes dos países que fazem limite com o Brasil.

3. Pinte os países que fazem limite com o Brasil segundo a indicação da legenda.

América do Sul: divisão política

Legenda:
- NORTE - amarelo
- SUL - verde
- OESTE - rosa
- NOROESTE - laranja
- SUDOESTE - marrom

Fonte: IBGE. *Atlas geográfico escolar*. 5 ed. Rio de Janeiro: IBGE, 2009.

4. Quais países formam a América do Sul?

65

Lembre que:

- O nome oficial do Brasil é República Federativa do Brasil.
- O Brasil tem 8.514.877 quilômetros quadrados de área. Sua população era de aproximadamente 169 milhões de habitantes em 2000.
- O Brasil tem 27 Unidades da Federação: 26 estados e 1 Distrito Federal. No Distrito Federal se encontra Brasília, a capital do país, sede do governo brasileiro.

Divisão Política do Brasil

Fonte: IBGE. *Atlas geográfico escolar*. 5 ed. Rio de Janeiro: IBGE, 2009.

Divisão político-administrativa do Brasil		
Nome	Sigla	Capital
BRASIL	BR	Brasília
Unidades da Federação		
Acre	AC	Rio Branco
Alagoas	AL	Maceió
Amapá	AP	Macapá
Amazonas	AM	Manaus
Bahia	BA	Salvador
Ceará	CE	Fortaleza
Distrito Federal	DF	Brasília
Espírito Santo	ES	Vitória
Goiás	GO	Goiânia
Maranhão	MA	São Luís
Mato Grosso	MT	Cuiabá
Mato Grosso do Sul	MS	Campo Grande
Minas Gerais	MG	Belo Horizonte
Pará	PA	Belém
Paraíba	PB	João Pessoa
Paraná	PR	Curitiba
Pernambuco	PE	Recife
Piauí	PI	Teresina
Rio Grande do Norte	RN	Natal
Rio Grande do Sul	RS	Porto Alegre
Rio de Janeiro	RJ	Rio de Janeiro
Rondônia	RO	Porto Velho
Roraima	RR	Boa Vista
Santa Catarina	SC	Florianópolis
Sergipe	SE	Aracaju
Tocantins	TO	Palmas

Lembre que:

- As alterações estabelecidas pela Constituição de 1988 foram:
  → Criação do estado do Tocantins, desmembrado do estado de Goiás.
  → Mudança dos territórios do Amapá e de Roraima para estados.
  → Transformação do território de Fernando de Noronha em Distrito Estadual de Pernambuco.

- Para facilitar sua administração, o Brasil foi dividido em cinco regiões:
  → Região Norte;
  → Região Nordeste;
  → Região Centro-Oeste;
  → Região Sudeste;
  → Região Sul.

As regiões brasileiras

Fonte: IBGE. *Atlas geográfico escolar*. 5 ed. Rio de Janeiro: IBGE, 2009.

- Cada região reúne estados que têm características semelhantes (clima, relevo, economia, modo de vida dos habitantes etc.)

5. Observe o mapa do Brasil e responda às perguntas abaixo:

Brasil: divisão política

Fonte: IBGE. *Atlas geográfico escolar*. 5 ed. Rio de Janeiro: IBGE, 2009.

a) Quantas Unidades da Federação formam o Brasil?

67

b) Como se chama a capital do nosso país e onde fica?

c) Quais são os cinco maiores estados brasileiros em extensão?

d) Quantos estados são banhados pelo Oceano Atlântico?

e) Quais são eles?

f) Cite os estados que não são banhados pelo Oceano Atlântico:

6. Escreva de que estados são as siglas:

SP

MG

PE

PA

AM

7. Adivinhe:
Eu sou uma palavra de 8 letras.

- Estou em Bravo
  mas não estou em Cravo.
- Estou em Roma
  mas não estou em Soma.
- Estou em Amo
  mas não estou em Omo.
- Estou em Sol
  mas não estou em Rol.
- Estou em Ida
  mas não estou em Ada.

- Estou em Lua
 mas não estou em Tua.
- Estou em Ira
 mas não estou em Era.
- Estou em Ano
 mas não estou em Eno.
 Quem sou eu?

| | | | | | | | |

8. Por que nosso país foi dividido em cinco regiões?

9. Escreva os nomes dos estados que formam as regiões brasileiras:

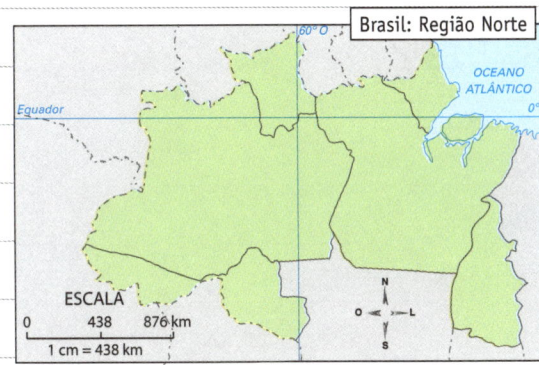

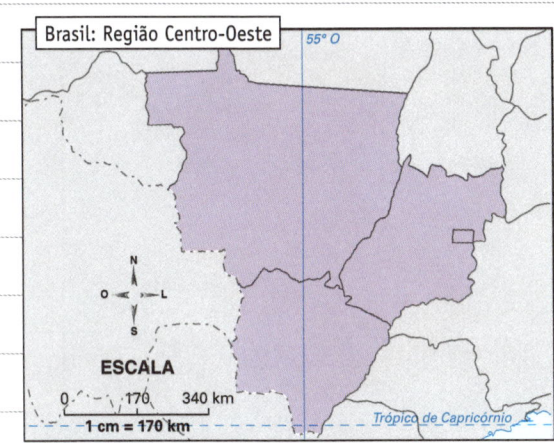

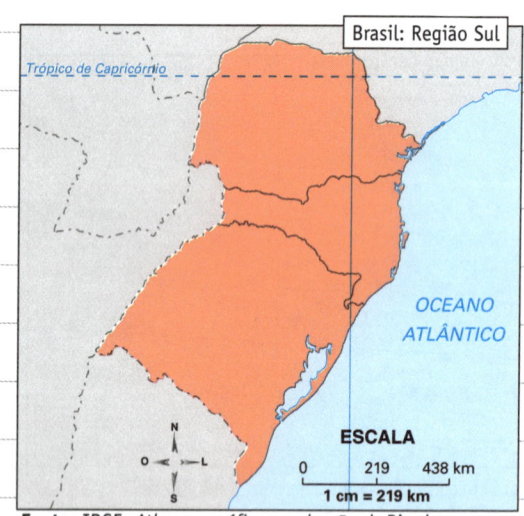

10. Responda:

a) Em que cidade você mora?

b) Sua cidade está localizada em que estado?

c) O estado em que você mora pertence a que região?

d) Quem nasce em seu estado é chamado de _____.

e) Seu estado é banhado pelo Oceano Atlântico?

BLOCO 3

CONTEÚDOS:
- O clima
- O relevo
- O relevo brasileiro

Lembre que:

- O conjunto das mudanças do tempo constitui o **clima** de um lugar.
- A temperatura, as chuvas, a pressão atmosférica, os ventos, a umidade são elementos que contribuem para as variações do clima.
- O Brasil tem diversos tipos de clima porque é um país muito extenso.
  → **Clima tropical:** é o clima predominante na maior parte do território brasileiro. Apresenta duas estações bem definidas: uma chuvosa (verão) e outra seca (inverno). Nas regiões próximas ao litoral, faz mais calor e chove mais – é o **clima tropical úmido**; nas regiões mais elevadas faz menos calor – é o **clima tropical de altitude**.
  → **Clima subtropical:** é o clima que predomina no Sul do País. Chove durante o ano todo e o inverno é muito frio, com geadas e até neve.
  → **Clima equatorial:** é o clima predominante no Norte do Brasil. É quente e úmido, com muita chuva durante o ano todo.
  → **Clima semiárido:** é o clima do sertão do Nordeste do Brasil. Faz muito calor durante todo o ano. As chuvas, além de poucas, são mal distribuídas, concentrando-se nos meses de fevereiro, março e abril. Por isso há longos períodos de seca.

Brasil: climas

TIPOS DE CLIMA
- EQUATORIAL
- LITORÂNEO ÚMIDO
- TROPICAL
- SUBTROPICAL
- SEMIÁRIDO

1. O que é clima?

2. Quais são os principais tipos de climas do Brasil?

3. Como é o clima equatorial? Onde predomina?

4. Descreva o clima semiárido e indique onde ele ocorre.

5. Onde predomina e como é o clima tropical?

6. Que clima predomina no Sul do Brasil? Descreva-o.

7. Qual é o tipo de clima predominante no lugar onde você vive?

Lembre que:

- O conjunto das diferentes formas da superfície terrestre chama-se **relevo**.

- O relevo terrestre sofre transformações ao longo do tempo, pela ação dos ventos, das chuvas, do ser humano etc.

  As principais formas de relevo são:
  → **planície**: região formada de terrenos planos e, em geral, de baixas altitudes;
  → **planalto**: região não muito plana e mais elevada em relação às terras vizinhas. A região elevada, com o topo geralmente plano e as encostas bem inclinadas, chama-se **chapada**;
  → **montanha**: uma grande elevação de terra. O ponto mais alto de uma montanha chama-se **pico**; um conjunto de montanhas chama-se **serra**, **cadeia** ou **cordilheira**;
  → **depressão**: região muito mais baixa em relação às terras vizinhas.

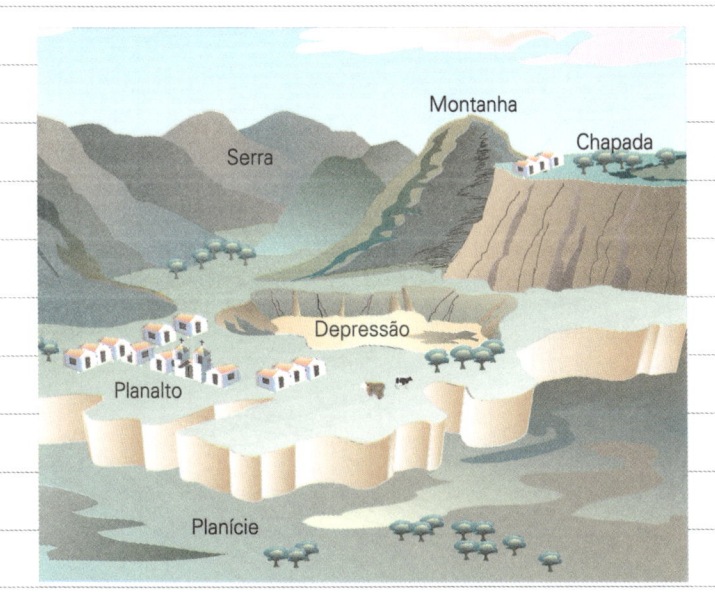

O relevo brasileiro

Planaltos	Depressões	Planícies
1- Planalto da Amazônia Oriental	12- Depressão da Amazônia Ocidental	23- Planície do Rio Amazonas
2- Planaltos e Chapadas da Bacia do Parnaíba	13- Depressão Marginal Norte-Amazônica	24- Planície do Rio Araguaia
3- Planaltos e Chapadas da Bacia do Paraná	14- Depressão Marginal Sul-Amazônica	25- Planície e Pantanal do Rio Guaporé
4- Planalto e Chapada dos Parecis	15- Depressão do Araguaia	26- Planície e Pantanal Mato-grossense
5- Planaltos Residuais Norte-Amazônicos	16- Depressão Cuiabana	27- Planície da Lagoa dos Patos e Mirim
6- Planaltos Residuais Sul-Amazônicos	17- Depressão do Alto Paraguai-Guaporé	28- Planícies e Tabuleiros Litorâneos
7- Planaltos e Serras do Atlântico-Leste-Sudeste	18- Depressão do Miranda	
8- Planaltos e Serras de Goiás-Minas	19- Depressão Sertaneja e do São Francisco	
9- Serras Residuais do Alto Paraguai	20- Depressão do Tocantins	
10- Planalto da Borborema	21- Depressão Periférica da Borda Leste da Bacia do Paraná	
11- Planalto Sul-Rio-grandense	22- Depressão Periférica Sul-Rio-grandense	

Fonte: Jurandyr L. S. Ross. *Geografia do Brasil*. São Paulo: Edusp: IBGE, 1996.

8. O que é relevo?

9. Procure no diagrama as principais formas de relevo:

Q	J	L	V	D	B	N	U	D	F	R	P	D
E	N	R	X	N	H	C	V	E	L	S	U	O
I	F	T	M	Ç	A	S	D	F	G	H	Q	E
X	M	U	U	A	S	V	O	I	H	E	V	C
I	O	Z	F	Q	P	E	X	C	Z	G	I	O
U	N	D	A	P	L	A	N	A	L	T	O	R
I	T	F	V	D	A	N	J	D	F	R	D	D
Z	A	R	X	J	N	V	X	E	Z	S	I	I
S	N	J	O	P	I	C	O	I	E	G	F	L
N	H	N	F	I	C	H	F	R	X	O	A	H
F	A	R	E	G	I	Z	X	A	A	S	N	E
J	N	V	O	S	E	R	R	A	I	V	A	I
D	E	P	R	E	S	S	A	O	V	F	S	R
S	I	H	E	G	V	O	S	R	E	R	O	A
A	B	T	O	Z	T	J	J	E	X	G	R	I
D	E	Q	Z	O	T	S	Ã	O	V	F	C	E
C	I	L	E	T	V	M	S	R	P	J	Q	Z

10. Escreva as características das seguintes formas de relevo e localize e nomeie cada uma na ilustração abaixo:

a) Planalto:

b) Chapada:

c) Depressão:

d) Planície:

74

Lembre que:

- O relevo do nosso país é composto de planaltos, depressões e planícies.

O relevo brasileiro

Planaltos
- 1- Planalto da Amazônia Oriental
- 2- Planaltos e Chapadas da Bacia do Parnaíba
- 3- Planaltos e Chapadas da Bacia do Paraná
- 4- Planalto e Chapada dos Parecis
- 5- Planaltos Residuais Norte-Amazônicos
- 6- Planaltos Residuais Sul-Amazônicos
- 7- Planaltos e Serras do Atlântico-Leste-Sudeste
- 8- Planaltos e Serras de Goiás-Minas
- 9- Serras Residuais do Alto Paraguai
- 10- Planalto da Borborema
- 11- Planalto Sul-Rio-grandense

Depressões
- 12- Depressão da Amazônia Ocidental
- 13- Depressão Marginal Norte-Amazônica
- 14- Depressão Marginal Sul-Amazônica
- 15- Depressão do Araguaia
- 16- Depressão Cuiabana
- 17- Depressão do Alto Paraguai-Guaporé
- 18- Depressão do Miranda
- 19- Depressão Sertaneja e do São Francisco
- 20- Depressão do Tocantins
- 21- Depressão Periférica da Borda Leste da Bacia do Paraná
- 22- Depressão Periférica Sul-Rio-grandense

Planícies
- 23- Planície do Rio Amazonas
- 24- Planície do Rio Araguaia
- 25- Planície e Pantanal do Rio Guaporé
- 26- Planície e Pantanal Mato-grossense
- 27- Planície da Lagoa dos Patos e Mirim
- 28- Planícies e Tabuleiros Litorâneos

Fonte: Jurandyr L. S. Ross. *Geografia do Brasil*. São Paulo: Edusp: 1996.

Lembre que:

- Os **planaltos** mais extensos são:
  → os Planaltos e Chapadas da Bacia do Paraná (**3**);
  → os Planaltos e Serras do Atlântico Leste-Sudeste (**7**);
  → os Planaltos e Chapadas da Bacia do Parnaíba (**2**);
  → os Planalto e a Chapada dos Parecis (**4**);
  → os Planaltos e Serras de Goiás-Minas (**8**).

- As **depressões** mais extensas são:
  → a Depressão da Amazônia Ocidental (**12**);
  → a Depressão Sertaneja e do São Francisco (**19**);
  → a Depressão Marginal Sul-Amazônica (**14**);
  → a Depressão Marginal Norte-Amazônica (**13**);
  → a Depressão do Araguaia (**15**);
  → a Depressão Periférica da Borda Leste da Bacia do Paraná (**21**).

- As **planícies** mais extensas são:
  → a Planície e Pantanal Mato-Grossense (**26**);
  → a Planície e Pantanal do Rio Guaporé (**25**);
  → as planícies litorâneas (**28**);
  → a Planície do Rio Amazonas (**23**).

- Os **pontos culminantes** do relevo brasileiro são:
  → Pico da Neblina, com 3.014 metros de altitude, localizado na Serra do Imeri, estado do Amazonas;
  → Pico 31 de Março, com 2.992 metros, também situado na Serra do Imeri, no Amazonas, fronteira do Brasil com a Venezuela;
  → Pico da Bandeira, com 2.889 metros, na Serra do Caparaó, no estado do Espírito Santo.

11. Complete:
O relevo brasileiro é constituído de _____, _____ e _____.

12. Aponte as planícies brasileiras mais extensas.

13. Consulte o mapa da página anterior e identifique a forma de relevo, de acordo com as afirmações:

a) Próximos ao litoral, atravessam as Regiões Nordeste, Sudeste e Sul.

b) Aparece no interior do Nordeste e em Minas Gerais.

c) Planície da Grande Região Centro-Oeste.

14. Dê as características dos pontos culminantes do relevo brasileiro.
a) Pico da Neblina:
- Altitude:
- Localização:

b) Pico 31 de Março:
- Altitude:
- Localização:

c) Pico da Bandeira:
- Altitude:
- Localização:

15. Faça uma pesquisa sobre o relevo na região onde você mora. Anote aqui as informações pesquisadas.

BLOCO 4

CONTEÚDOS:
- O litoral
- O litoral brasileiro
- Os rios, os lagos e as lagoas
- Os rios brasileiros

Lembre que:

- O litoral brasileiro é banhado pelo Oceano Atlântico e estende-se desde o Cabo Orange, no Amapá, até o Arroio Chuí, no Rio Grande do Sul.

- No fundo do mar também encontramos montanhas, depressões e outras formas de relevo. É o **relevo submarino**.

- A parte mais rasa desse relevo chama-se **plataforma continental**, é onde o relevo do continente e o relevo submarino se unem.

Litoral brasileiro

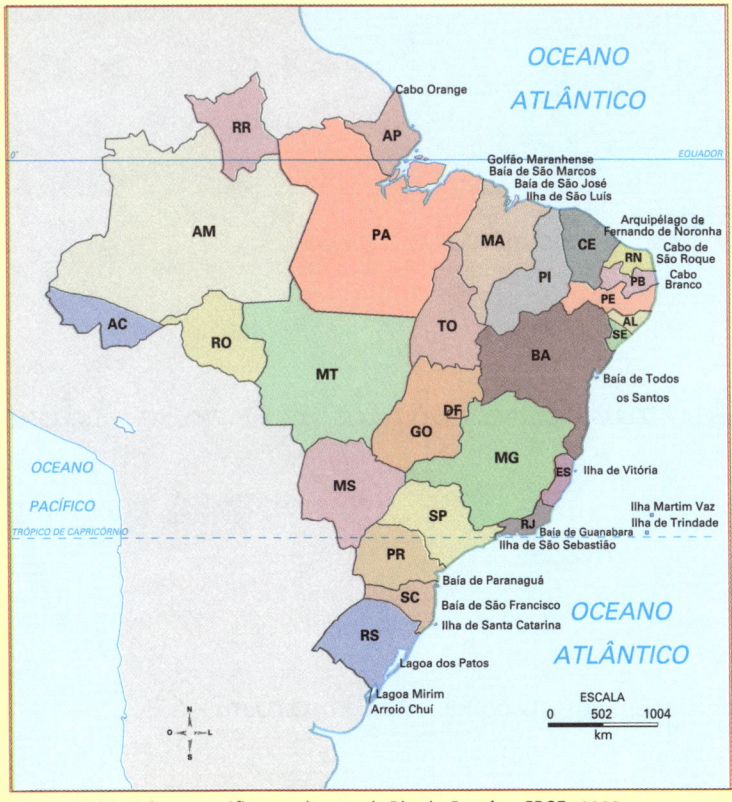

Fonte: IBGE. *Atlas geográfico escolar.* 5 ed. Rio de Janeiro: IBGE, 2009.

- O litoral brasileiro oferece muitos recursos para serem explorados: a pesca, a navegação, a exploração do petróleo, do calcário, do sal, a construção de portos etc.

1. O que é litoral?

2. Complete:

   a) O litoral brasileiro estende-se do _____, _____, até o _____.

   b) Ele é banhado pelo _____.

3. Que recursos oferece o nosso litoral?

4. O que é relevo submarino?

5. Como se chama a parte mais rasa do relevo submarino?

6. Marque o que constitui o litoral, assinalando com um **x** nos quadradinhos:

☐ cabo ☐ chapada ☐ arquipélago
☐ pico ☐ restinga ☐ praia
☐ golfo ☐ baía ☐ planície
☐ enseada ☐ serra ☐ oceano
☐ ilha ☐ ponta ☐ planalto

Lembre que:

- Litoral, ou costa, é a faixa de terra banhada pelo mar. É constituído de:
  → baías → ilhas
  → golfos → restingas
  → enseadas → praias
  → pontas → arquipélagos
  → cabos → mares

Lembre que:

- A ciência que estuda os rios, os lagos, as lagoas e os mares chama-se **Hidrografia**.
- **Rio** é uma grande quantidade de água corrente que deságua no mar, em um lago ou em outro rio.
- Os rios nascem de fontes, lagos ou de outros rios.
- O lugar onde o rio nasce chama-se **nascente** ou **cabeceira**. O lugar onde ele lança suas águas recebe o nome de **foz** ou **embocadura**.
- O lugar onde o rio corre chama-se **leito**. As terras banhadas pelas águas do rio chamam-se **margens**.
- **Afluentes** são rios que deságuam em outros rios.
- Pequenos cursos de água são chamados **riachos**, **córregos** ou **regatos**.
- **Lago** é uma parte mais baixa do terreno coberta de água doce ou salgada.
- **Lagoa** é um lago pequeno. Algumas lagoas costeiras comunicam-se com o mar.

7. O que é rio?

8. O que é lago? E lagoa?

9. Como se chama a ciência que estuda os rios, os lagos, as lagoas e os mares?

10. Onde nascem os rios?

11. Identifique:

   a) Lugar onde o rio nasce.

b) Lugar onde o rio lança suas águas.

c) Lugar onde o rio corre.

d) Terras banhadas pelas águas dos rios.

e) Rios que deságuam em outros rios.

f) Pequenos cursos de água.

12. Onde você mora existem rios? Quais são os mais importantes?

Lembre que:

- A maioria dos rios do Brasil é de planalto. Eles apresentam cachoeiras, saltos ou quedas-d'água. Por isso podem ser aproveitados para a produção de energia em **usinas hidrelétricas**.

- Os rios de planície correm em regiões baixas e planas e podem ser utilizados para **navegação**.

- **Bacia hidrográfica** é uma vasta região de terra banhada por um grande rio e seus afluentes.

- As principais bacias hidrográficas do Brasil são: do Amazonas, do Tocantins, do São Francisco, do Paraná e do Uruguai. São consideradas secundárias as demais bacias, conhecidas como bacias do Atlântico Sul.

As bacias hidrográficas do Brasil

Fonte: IBGE. *Atlas geográfico escolar*. 5 ed. Rio de Janeiro: IBGE, 2009.

Bacia do Amazonas

É a maior bacia hidrográfica do mundo. Ela é formada pelo Rio Amazonas e seus afluentes.

O Rio Amazonas nasce no Peru com o nome de Vilcanota. Ao entrar no Brasil, passa a se chamar Solimões, e ao encontrar o Rio Negro, Amazonas. Deságua no Oceano Atlântico, junto à Ilha de Marajó.

Os principais afluentes são: Javari, Juruá, Purus, Madeira, Tapajós e Xingu na margem direita e Içá, Japurá, Negro, Jamundá, Trombetas e Jari na margem esquerda.

Bacia do Tocantins

A Bacia do Tocantins é a maior bacia localizada inteiramente no território nacional. É formada pelo Rio Tocantins e seu afluente, o Rio Araguaia.

No Rio Tocantins está instalada a usina hidrelétrica de Tucuruí, no Pará, uma das maiores produtoras de energia elétrica do mundo.

A maior ilha fluvial do mundo, a Ilha do Bananal, fica no Rio Araguaia, na divisa dos estados de Mato Grosso e Tocantins.

Bacia do Uruguai

O Rio Uruguai nasce na divisa do Rio Grande do Sul com Santa Catarina e deságua no estuário do Rio da Prata. É formado pelos Rios Canoas e Pelotas. Ele separa o Brasil da Argentina e banha os estados de Santa Catarina e Rio Grande do Sul. É um rio de planalto.

Estuário é um tipo de foz com uma grande abertura no litoral.

Bacia do São Francisco

A Bacia do São Francisco é formada pelo rio São Francisco e seus afluentes.

O Rio São Francisco nasce na Serra da Canastra, em Minas Gerais, e deságua no Oceano Atlântico. É o maior rio totalmente brasileiro.

O Rio São Francisco é aproveitado para a produção de energia nas usinas hidrelétricas de Três Marias, Sobradinho, Paulo Afonso, Xingó, Itaparica e Moxotó.

Seus principais afluentes da margem direita são: Rio das Velhas, Paraopeba, Verde Grande, Verde Pequeno e Paramirim. Os principais afluentes da margem esquerda são: Carinhanha, Paracatu, Indaiá, Abaeté e Grande.

Bacia do Paraná

A Bacia do Paraná é formada pelos Rios Paraná e Paraguai.

O Rio Paraná é formado pelos Rios Grande e Paranaíba. Seus principais afluentes são os Rios Sucuriú, Verde e Pardo (margem direita), Tietê, Paranapanema e Iguaçu (margem esquerda).

O Rio Paraná é o mais importante dessa bacia. No trecho em que faz fronteira entre o Paraná e o Paraguai foi construída a usina hidrelétrica de Itaipu.

O Rio Paraguai nasce no estado de Mato Grosso e deságua no Rio Paraná, na Argentina. É um rio de planície. Ele banha as terras do Pantanal Mato--grossense.

Bacias do Atlântico Sul

As bacias do Atlântico Sul são formadas por rios menores que deságuam no oceano Atlântico.

As principais bacias do Atlântico Sul são:

- a do **Norte e Nordeste**, formada pelos Rios Gurupi, Grajaú, Mearim, Itapecuru, Parnaíba, Jaguaribe e outros;
- a do **Leste**, formada pelos Rios das Contas, Pardo, Jequitinhonha, Doce, Paraíba do Sul e outros;
- a do **Sudeste**, formada principalmente pelos Rios Ribeira de Iguape, Itajaí e Jacuí.

13. O que é bacia hidrográfica?

14. Complete:

   a) Os rios de planície são adequados para _____.

   b) Os rios de _____ são aproveitados para geração de energia nas usinas hidrelétricas.

15. Quais são as principais bacias hidrográficas do Brasil? E as secundárias?

16. Complete as informações sobre a Bacia do Amazonas:

   a) A Bacia do Amazonas é formada pelo rio: _____.

   b) O nome que esse rio recebe no Peru _____.

   c) Os nomes que esse rio recebe no Brasil: _____.

   d) Seus afluentes da margem direita _____.

17. Complete as informações sobre a Bacia do Tocantins:

   a) A Bacia do Tocantins é formada pelo Rio _____.

   b) O rio onde está instalada a usina hidrelétrica de Tucuruí é o _____.

   c) O rio que possui a maior ilha fluvial do mundo é o _____.

18. Complete as informações sobre a Bacia do São Francisco:

   a) A Bacia do São Francisco é formada pelo Rio _____.

   b) Esse rio nasce _____, e deságua _____.

   c) Tem três usinas hidrelétricas _____.

   d) Os principais afluentes da margem direita são: _____.

   e) Os principais afluentes da margem esquerda são: _____.

19. Complete as informações sobre a bacia do Paraná:

   a) A Bacia do Paraná é formada pelos Rios _____.

   b) Os rios que formam o Rio Paraná são: _____.

   c) Os afluentes da margem direita são _____.

   d) Os afluentes da margem esquerda são _____.

e) A maior usina hidrelétrica do Rio Paraná se chama _____.

f) O Rio Paraná nasce _____, em Minas Gerais, e deságua no _____.

20. Complete as informações sobre a Bacia do Uruguai:

   a) O Rio Uruguai é formado pelos Rios _____.

   b) Os estados banhados pelo Rio Uruguai são _____.

21. Sobre as Bacias do Atlântico Sul. No diagrama circule:
   - de vermelho, os rios que formam as Bacias Norte e Nordeste.
   - de azul, os rios que formam as Bacias do Leste.
   - de verde, os rios que formam as Bacias do Sudeste.

Z	X	A	X	O	N	A	L	T	E	N	R	Q
I	F	J	A	C	U	Í	F	G	H	Q	E	V
X	M	A	G	P	Z	X	A	I	C	H	F	R
H	D	G	R	A	J	U	X	D	Z	P	I	O
N	V	U	E	R	S	I	L	O	N	A	L	T
I	T	A	V	D	E	Z	S	C	D	R	R	D
H	F	R	H	O	X	E	Z	E	I	A	D	M
D	O	I	O	H	I	T	A	J	A	Í	R	X
E	G	B	L	I	C	H	F	R	X	B	A	H
D	R	E	Z	X	A	D	G	I	Z	A	X	L
J	X	O	A	I	H	N	F	A	I	V	A	F
I	H	N	F	E	S	S	A	O	V	F	S	R
O	V	F	S	C	O	N	T	A	S	R	V	C
S	G	Z	I	Z	T	J	J	E	X	G	R	I
V	M	S	R	P	S	Ã	O	V	A	C	Z	N
H	N	F	I	C	V	M	S	R	J	H	P	X

84

BLOCO 5

CONTEÚDOS:
- A vegetação brasileira
- A agricultura brasileira
- A pecuária brasileira

Brasil: vegetação

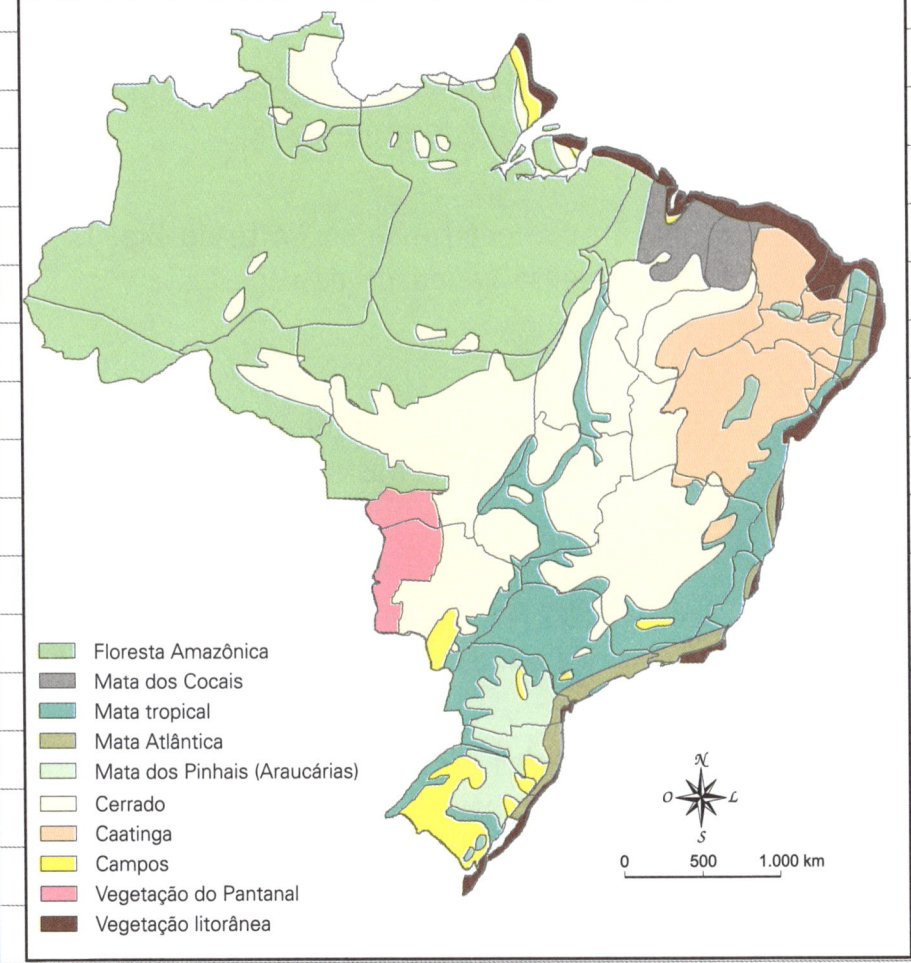

- Floresta Amazônica
- Mata dos Cocais
- Mata tropical
- Mata Atlântica
- Mata dos Pinhais (Araucárias)
- Cerrado
- Caatinga
- Campos
- Vegetação do Pantanal
- Vegetação litorânea

Fonte: Adaptado do *Atlas nacional do Brasil*, IBGE.

Lembre que:

- Vegetação é o conjunto de plantas que crescem naturalmente em um lugar.
- A vegetação depende do clima, do relevo e do solo.
- Os principais tipos de vegetação do Brasil são:
  → florestas ou matas;
  → cerrado;
  → caatinga;
  → campos;
  → vegetação do Pantanal;
  → vegetação litorânea.

Florestas ou matas

Nas florestas ou matas predominam vegetais de grande porte. As principais florestas brasileiras são:

- **Floresta amazônica**: localiza-se ao Norte do Brasil. Apresenta uma imensa variedade de vegetais e animais.

- **Mata dos cocais**: aparece no Maranhão, Piauí e em Tocantins. Predominam palmeiras muito altas, a carnaúba e o babaçu.

- **Floresta tropical** ou **Mata Atlântica**: fechada e úmida, é muito rica em espécies vegetais.

- **Floresta das araucárias** ou **Mata dos pinhais**: predomina no sul do Brasil. É uma floresta com poucas espécies vegetais.

Caatinga

Apresenta árvores baixas, de troncos retorcidos e com poucas folhas. Também apresenta muitos cactos. É a vegetação de lugares onde chove pouco, como o sertão do Nordeste.

Cerrado

Ocupa grande parte da região central do Brasil. É formado por capim, arbustos e árvores pequenas com troncos retorcidos, casca grossa e raízes profundas.

Campos

Encontram-se em várias partes do Brasil, especialmente no Rio Grande do Sul. Os campos são aproveitados para a criação de gado.

Vegetação do Pantanal

Localiza-se na planície do Mato Grosso e Mato Grosso do Sul. Na época das cheias, é inundada pelas águas do Rio Paraguai e seus afluentes.

Vegetação litorânea

É a vegetação do litoral. É composta de árvores de porte médio e arbustos, formando os mangues ou manguezais. Nos lugares de restinga, predominam gramas, arbustos e árvores.

1. O que é vegetação?

2. Do que depende a vegetação?

3. Quais são os principais tipos de vegetação do Brasil?

4. Escreva verdadeiro (**v**) ou falso (**f**):

☐ Nas florestas ou matas predominam grandes árvores.

☐ Árvores baixas, com poucas folhas e troncos retorcidos, e cactos formam a caatinga.

☐ O cerrado é composto de grama e diversos tipos de capim.

☐ O Pantanal tem vegetação de um só tipo.

☐ A vegetação litorânea é formada de árvores de porte médio e arbustos.

5. Identifique o tipo de vegetação:

a) Típica do sertão nordestino.

b) Desenvolve-se no litoral.

c) Encontram-se em várias partes do Brasil, principalmente no Rio Grande do Sul.

d) Localiza-se nas regiões Sul e Sudeste.

e) Aparece no Maranhão, no Piauí e em Tocantins.

6. Qual é a vegetação predominante na região onde você mora? Descreva-a.

7. Numere corretamente:

(1) vegetação do Pantanal
(2) cerrado
(3) caatinga
(4) vegetação litorânea
(5) campos
(6) floresta tropical
(7) mata dos cocais

(   ) Suas árvores são baixas, com troncos retorcidos e poucas folhas.
(   ) Formados de gramas e diversos tipos de capim.
(   ) Encontra-se na Serra do Mar, nas regiões Sul e Sudeste.
(   ) Predominam nessa região a carnaúba e o babaçu.
(   ) Desenvolve-se em terrenos baixos e alagados.
(   ) Ocupa grande parte da região central do Brasil.
(   ) Localiza-se na planície do Mato Grosso e Mato Grosso do Sul.

8. Comparando o clima e a vegetação das regiões do Brasil, responda: quais são as características predominantes do clima e da vegetação de cada região brasileira? Pesquise:

a) Norte

b) Centro-Oeste

c) Sudeste

d) Sul

Lembre que:

- O trabalho de preparar a terra, plantar e colher chama-se **agricultura**.
- Os principais produtos agrícolas do Brasil são: cana-de-açúcar, laranja, milho, soja, mandioca, arroz, café, tomate, batata e feijão.
- As pessoas que trabalham na terra chamam-se **agricultores**, **lavradores** ou **camponeses**. Alguns trabalhadores que moram na cidade são transportados de caminhão até o campo: são os **boias-frias**. Geralmente, eles são contratados na época das colheitas e ganham por dia de trabalho.
- As grandes propriedades agrícolas são chamadas de **latifúndios**. Os seus proprietários são os **latifundiários**.
- A agricultura pode ser:

  → **de subsistência**: feita em pequenas propriedades (minifúndios). A produção serve para o consumo da família. Pratica-se a policultura (plantio de vários produtos).

  → **comercial**: em que os agricultores comumente plantam um só tipo de produto (**monocultura**) em grandes propriedades com o objetivo de obter lucro. Os principais produtos são: soja, cana-de-açúcar, laranja e café.

9. O que é agricultura?

10. Como são chamadas as pessoas que trabalham na agricultura?

11. Quem são os boias-frias?

12. Como se chamam as grandes propriedades agrícolas? Quem são seus proprietários?

13. Quais são os principais produtos agrícolas cultivados no Brasil?

14. Quais são os tipos de agricultura? Descreva-os.

15. O que é policultura?

Lembre que:

- **Pecuária** é o trabalho de criar gado.
- Os donos de gado chamam-se **pecuaristas**. As pessoas que trabalham com o gado recebem diversos nomes: **vaqueiros**, **boiadeiros**, **retireiros**, **peões** ou **pastores**.
- Há vários tipos de gado: **bovino** (bois e vacas); **suíno** (porcos); **ovino** (carneiros e ovelhas); **caprino** (bodes e cabras); **equino** (cavalos e éguas); **asinino** (asnos, jumentos ou jegues); **bufalino** (búfalos); **muar** (mulas ou bestas e burros).
- **Rebanho** é um conjunto de muitos animais da mesma espécie. O rebanho mais numeroso no Brasil é o bovino.
- A criação de gado pode ser feita de duas formas:
  → **extensiva**: os animais são criados soltos e alimentam-se de pastagens naturais;
  → **intensiva**: os animais são criados em áreas menores cercadas e com pastagens especiais.
- No Brasil, desenvolvem-se também outros tipos de criação:
  → **apicultura**: criação de abelhas para a produção de mel e cera;
  → **avicultura**: criação de aves para o aproveitamento da carne e dos ovos;
  → **sericicultura**: criação de bichos-da-seda para a produção de fios de seda, usados na fabricação de tecidos;
  → **ranicultura**: criação de rãs para o aproveitamento da carne e da pele;
  → **cunicultura**: criação de coelhos para o aproveitamento da carne e da pele.

16. O que é pecuária?

17. Como se chamam as pessoas que trabalham na pecuária?

18. Escreva os nomes dos animais que compõem cada tipo de gado:

a) bovino:
b) suíno:
c) ovino:
d) asinino:
e) caprino:
f) equino:
g) bufalino:
h) muar:

19. O que é rebanho? Qual é o rebanho mais numeroso no Brasil?

20. Escreva as características da:

    a) pecuária extensiva

    b) pecuária intensiva

    c) sericicultura

    d) ranicultura

    e) cunicultura

21. Explique o que são os diversos tipos de criação a seguir:

    a) apicultura

    b) avicultura

22. Pesquise sobre o tipo de gado que predomina em sua região e anote aqui as informações:

BLOCO 6

CONTEÚDOS:
- O comércio brasileiro
- A indústria brasileira
- As comunicações no Brasil

Lembre que:

- A compra, a venda e a troca de produtos chama-se comércio.
    → **Comércio interno** é o realizado dentro do próprio país.
    → **Comércio externo** é o realizado entre dois ou mais países. Pode ser:
    - de **importação**: a compra de produtos de outros países. O Brasil importa máquinas industriais e aparelhos hospitalares, petróleo, produtos químicos e eletrônicos, trigo etc.
    - de **exportação**: a venda de produtos para outros países. O Brasil exporta soja, café, calçados, papel e celulose, madeira, fumo, suco de laranja, açúcar, cacau, minérios e metais.
- Máquinas e ferramentas, automóveis, aviões e aparelhos elétricos também são produtos exportados pelo Brasil.

1. O que é comércio?

2. Quando o comércio é externo?

3. Como pode ser o comércio externo?

4. O que é importação?

5. Quais são os produtos que o Brasil importa?

6. O que é exportação?

7. Quais são os produtos que o Brasil exporta?

Lembre que:

- Indústria é a atividade de extrair matérias-primas da natureza e transformá-las em produtos de consumo.
- As indústrias podem ser:
  → **extrativas**: aquelas que retiram ou extraem os produtos naturais. Existem três tipos de indústrias extrativas:
    - **indústria extrativa vegetal**: extrai raízes, madeiras, ervas etc.;
    - **indústria extrativa animal**: extrai couro, carne, peles etc.;
    - **indústria extrativa mineral**: extrai minérios, como ferro, petróleo, carvão, sal, ouro etc.

  Madeira (extrativismo vegetal).

  Pesca (extrativismo animal).

  Sal (extrativismo mineral).

  → **de transformação**: são as que transformam a matéria-prima em produtos de consumo direto ou em produtos que serão utilizados por outras indústrias. As indústrias de transformação podem ser:
    - **indústrias de bens de produção** ou **indústrias de base**: preparam a matéria-prima para outras indústrias usarem na produção de um novo artigo;
    - **indústrias de bens de consumo**: fabricam produtos que são consumidos diretamente pelas pessoas, como alimentos, roupas, remédios, aparelhos elétricos etc.;
    - **indústrias de máquinas e equipamentos**: transformam os produtos das indústrias de base em máquinas e equipamentos, que serão usados em outras indústrias.

- Os estados de maior concentração industrial são: São Paulo, Rio de Janeiro e Minas Gerais.
- Também se destacam os municípios de Porto Alegre (RS), Salvador (BA), Recife (PE), Fortaleza (CE), Curitiba (PR), Manaus (AM) e Vitória (ES).
- Para funcionar, uma indústria necessita de:
  → **mão de obra especializada**: trabalhadores;
  → **matéria-prima**: produtos naturais em quantidade;
  → **energia**: para movimentar as máquinas;
  → **capital**: dinheiro para comprar as matérias-primas e as máquinas, e pagar os trabalhadores;
  → **transportes**: para levar matérias-primas e produtos de um lugar para outro;
  → **lojas**: para vender os produtos;
  → **consumidores**: pessoas para comprar os produtos.

Lembre que:

- Há produtos que não são feitos com máquinas: são os feitos à mão. Esse trabalho é feito pelos artesãos. Eles fazem cestos, vasos, tapetes, rendas e outros produtos usando materiais como barro, cipó, palha, madeira, bambu etc.

8. Quais tipos de indústria existem?

9. O que são indústrias extrativas?

10. Escreva o que extrai a indústria:

   a) extrativa vegetal

   b) extrativa animal

   c) extrativa mineral

11. O que são indústrias de transformação?

12. Como podem ser as indústrias de transformação?

13. Explique o que faz a indústria de transformação de bens de produção.

14. Pesquise e escreva o que produzem estas indústrias:

   a) automobilística

b) siderúrgica

c) mecânica

15. Numere corretamente:

(1) matéria-prima
(2) mão de obra especializada
(3) energia
(4) capital
(5) transportes
(6) lojas
(7) consumidores

(   ) Trabalhadores.
(   ) Vendem os produtos.
(   ) Produtos naturais.
(   ) Levam os produtos de um lugar para outro.
(   ) Dinheiro para as matérias-primas, máquinas e pagamento dos trabalhadores.
(   ) Compram produtos.
(   ) Movimenta as máquinas.

16. Pinte no mapa os estados brasileiros de maior concentração industrial. Use uma cor para cada estado e responda. Em que região estão localizados esses estados?

Brasil: divisão política

Fonte: IBGE. *Atlas geográfico escolar*. 5. ed. Rio de Janeiro: IBGE, 2009.

17. Pesquise sobre indústrias que não se preocupam com a preservação do meio ambiente. Leve sua pesquisa para a sala de aula e discuta-a com seus colegas. Registre a opinião da classe sobre o assunto.

Lembre que:

O transporte **rodoviário** é o mais utilizado no Brasil para transportar passageiros e cargas. As rodovias podem ser federais, estaduais e municipais.

- As **rodovias federais** são identificadas pela sigla BR seguida de um numeral. É o Governo Federal quem as constrói e as mantém.

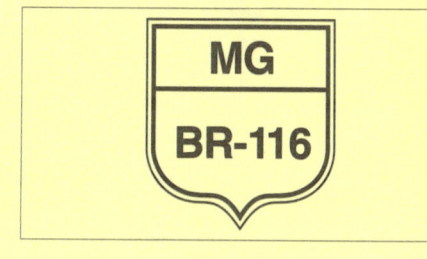

  MG
  BR-116

- As **rodovias estaduais** são representadas pelas siglas do estado a que pertencem seguidas de um numeral. São de responsabilidade do governo do Estado.

  SP
  90

- As **ferrovias federais** são fiscalizadas pela RFFSA (Rede Ferroviária Federal S.A.). A maior parte das ferrovias brasileiras localiza-se em São Paulo, no Rio de Janeiro e em Minas Gerais.

- Aviões e helicópteros movimentam-se pelas **aerovias**. O transporte aéreo é o mais caro de todos.

- As principais companhias brasileiras de transporte aéreo são a Varig, a Tam e a Gol.

- O transporte **hidroviário**, que também é chamado de **navegação**, pode ser marítimo (no mar), fluvial (nos rios) ou lacustre (nos lagos).

- As principais hidrovias fluviais brasileiras estão na Bacia do Amazonas, do Rio São Francisco e na Bacia do Paraná.

- Os principais portos do Brasil são: Santos e São Sebastião (SP), Rio de Janeiro (RJ), Recife (PE), Fortaleza (CE), Paranaguá (PR), Porto Alegre e Rio Grande (RS), Tubarão e Vitória (ES). Os portos do Sul e Sudeste são responsáveis pela maior parte da carga transportada.

- A navegação lacustre é praticada principalmente na Lagoa dos Patos e no Lago Guaíba (RS). O Guaíba era considerado erroneamente um rio.

18. Numere corretamente:

(1) rodovias ( ) estradas de rodagem
(2) aerovias ( ) vias marítimas e fluviais
(3) ferrovias ( ) vias aéreas
(4) hidrovias ( ) estradas de ferro

19. Identifique:

a) É representada pela sigla do estado a que pertence, seguida de um numeral.

b) É representada pela sigla BR, seguida de um numeral.

c) É fiscalizada pela Rede Ferroviária Federal.

d) É o transporte mais rápido e o mais caro de todos.

e) Liga vários portos brasileiros entre si.

20. Cite:

a) As bacias hidrográficas onde estão as principais hidrovias fluviais brasileiras são:

b) Os principais portos brasileiros são:

21. Quais são as principais companhias brasileiras de transporte aéreo?

22. Onde se localiza a maior parte das ferrovias brasileiras?

- Parte das comunicações no Brasil é feita por satélites (aparelhos que giram no espaço, ao redor da Terra). Os satélites permitem a comunicação rápida entre pontos distantes da Terra.
- As informações, inclusive de TV, são transformadas em sinais e enviadas para os satélites. Os satélites recebem e retransmitem essas informações para outros pontos na Terra.

Lembre que:

- O serviço de **comunicações** e **telefonia** deixou de ser prestado por empresas do governo desde 1998. As empresas estatais Embratel (Empresa Brasileira de Telecomunicações), responsável por todos os serviços de comunicações no Brasil, e a Telebrás (Telecomunicações Brasileiras S. A.), composta de várias empresas de telefonia, foram privatizadas.
- O governo federal continua controlando e fiscalizando o setor por meio da Anatel (Agência Nacional de Telecomunicações).
- O **serviço de correio** é realizado por uma empresa do governo federal: a ECT (Empresa Brasileira de Correios e Telégrafos). Ela é responsável pelo envio de correspondências (cartas, telegramas etc.) e de volumes em todo o território nacional.

23. Em sua opinião, por que os meios de comunicação são importantes?

24. Que empresa era responsável pelas telecomunicações no Brasil?

25. Dê o significado das seguintes siglas:

   a) Embratel

   b) Telebrás

   c) ECT

26. Qual é o nome do órgão que controla e fiscaliza as telecomunicações no Brasil?

27. Que serviço presta a Empresa Brasileira de Correios e Telégrafos?

28. Como funciona a comunicação via satélite?

29. Cite vantagens e desvantagens da telefonia celular.

BLOCO 7

CONTEÚDOS:

- As regiões brasileiras
- Região Norte
  → Aspectos físicos
  → Aspectos econômicos
  → Aspectos humanos

As regiões brasileiras

Fonte: IBGE. *Atlas geográfico escolar*. 5. ed. Rio de Janeiro: IBGE, 2009.

Lembre que:

- O Brasil é dividido em cinco **grandes regiões**. Essa divisão foi feita para facilitar a administração do nosso país.

- Os estados de cada região têm paisagens naturais parecidas, e o modo de viver dos seus habitantes também é semelhante.

- As cinco grandes regiões são: Norte, Nordeste, Sudeste, Sul e Centro-Oeste.

1. Quantas e quais são as regiões brasileiras?

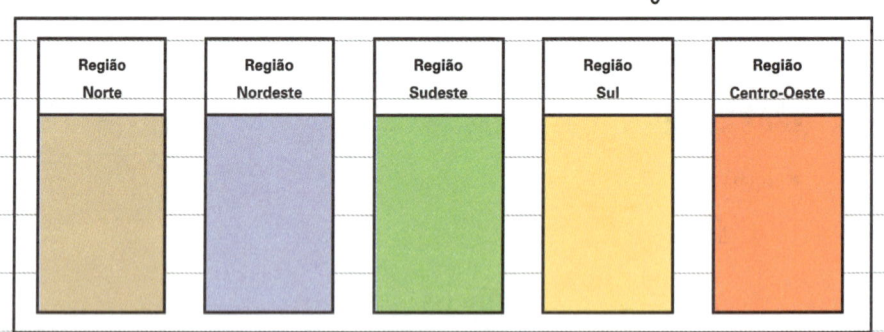

2. Que estados compõem:

a) Região Norte:

b) Região Nordeste:

c) Região Centro-Oeste:

d) Região Sudeste:

e) Região Sul:

3. Identifique no mapa as regiões, pintando-as de acordo com a legenda:

Região Norte	Região Nordeste	Região Sudeste	Região Sul	Região Centro-Oeste

As regiões brasileiras

Fonte: IBGE. *Atlas geográfico escolar*. 5. ed. Rio de Janeiro: IBGE, 2009.

Lembre que:

- A Região Norte é a mais extensa das regiões brasileiras. Corresponde a quase metade do território brasileiro. É também a região menos povoada (com menos habitantes por quilômetro quadrado).

- Ela é formada por sete Estados:

Estados	Siglas	Capitais
Acre	AC	Rio Branco
Amapá	AP	Macapá
Amazonas	AM	Manaus
Pará	PA	Belém
Rondônia	RO	Porto Velho
Roraima	RR	Boa Vista
Tocantins	TO	Palmas

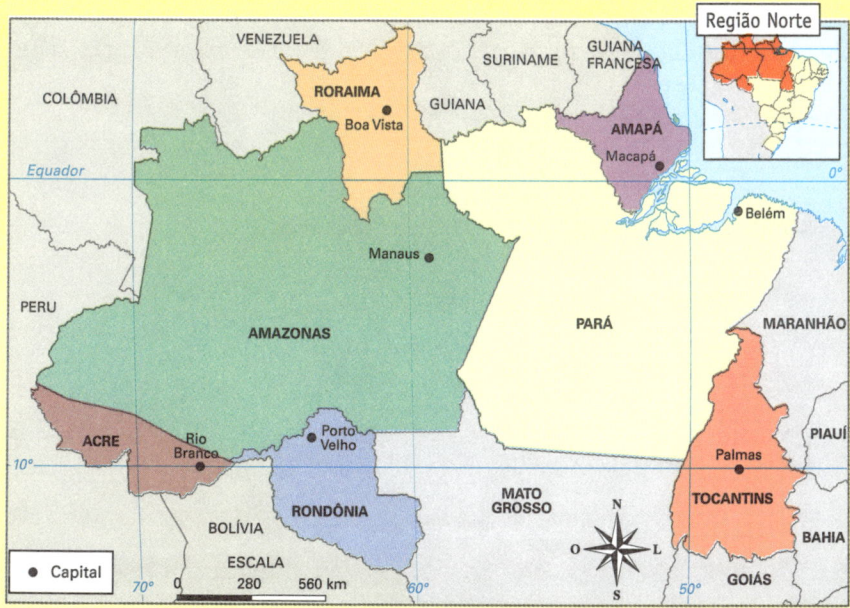

Fonte: Atlas geográfico escolar. Rio de Janeiro: IBGE, 2009.

Lembre que:

- O **relevo** da Região Norte é formado por planaltos, planícies e depressões. As depressões são predominantes nesta região.

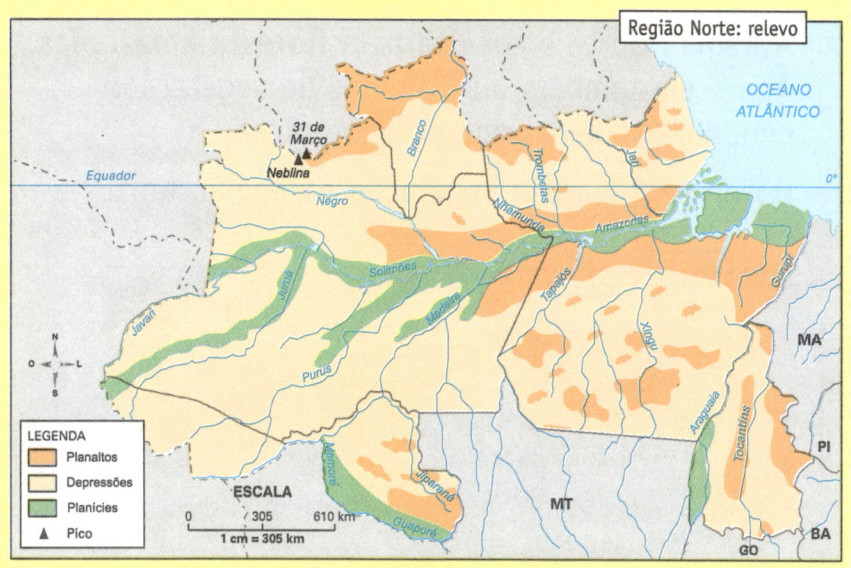

Região Norte: relevo

Fonte: Jurandyr L. S. Ross. Geografia do Brasil. São Paulo. Edusp, 1996.

- No **litoral**, destaca-se a **ilha de Marajó**.

- O principal rio dessa região é o **Amazonas**. Na época das cheias, o encontro das águas do rio com as águas do Oceano Atlântico provoca o fenômeno da pororoca.

- O Rio Tocantins e seu afluente, o Rio Araguaia, também banham a Região Norte. No Rio Tocantins está instalada a **usina hidrelétrica de Tucuruí**. No Rio Araguaia fica a **Ilha do Bananal**, a maior ilha fluvial do mundo.

Lembre que:

- O **clima** predominante na Região Norte é o **equatorial**, isto é, quente e úmido. Faz muito calor e chove o ano inteiro.

- A Região Norte é coberta pela **floresta amazônica**. Aparecem também outros tipos de vegetação: cerrado, campo e vegetação litorânea.

Observe no mapa a vegetação da Região Norte.

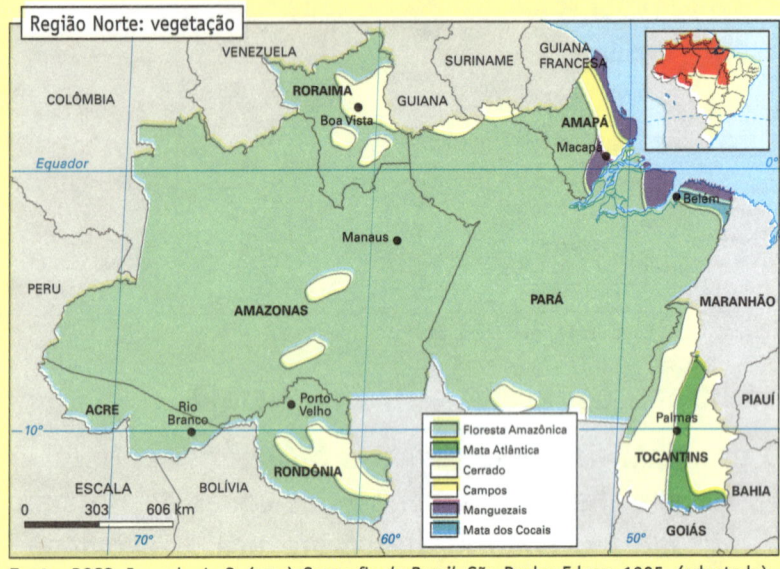

Região Norte: vegetação

Fonte: ROSS, Jurandyr L. S. (org.) *Geografia do Brasil.* São Paulo: Edusp, 1995. (adaptado)

4. Identifique e escreva no mapa da Região Norte os nomes dos estados e suas capitais. Pinte cada estado de uma cor:

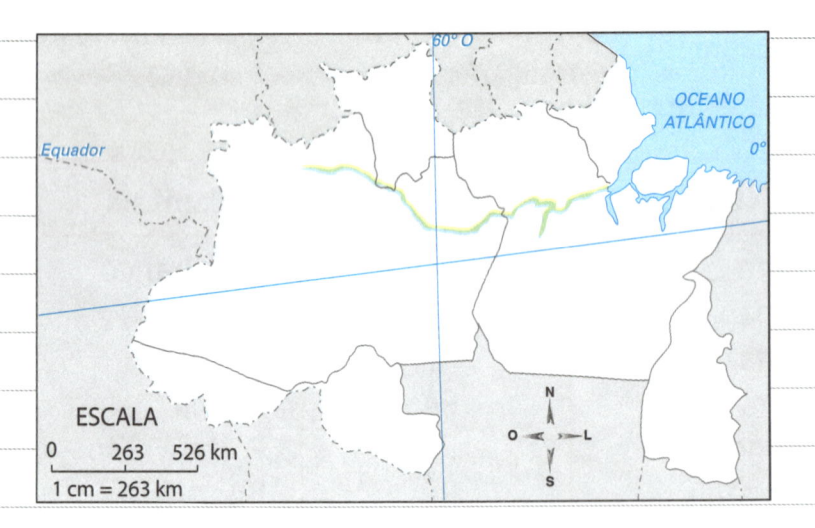

5. Identifique no mapa do relevo da Região Norte e escreva:

a) os nomes de dois rios.

b) os nomes de duas ilhas.

6. Quais são os tipos de relevo que formam a Região Norte? Qual é o tipo predominante?

7. Complete:

   a) O principal rio da Região Norte é o _____.

   b) A maior ilha fluvial do mundo, situada no Rio Araguaia é a _____.

   c) O clima predominante da Região Norte é o _____.

   d) A floresta que cobre a Região Norte é chamada de _____.

8. Em qual rio está instalada a hidrelétrica de Tucuruí?

Lembre que:

- A principal atividade econômica da Região Norte é o extrativismo, predominando o extrativismo vegetal.

- Da floresta Amazônica extraem-se látex, castanha-do-pará, plantas medicinais, babaçu, guaraná e madeiras.

- A principal extração animal da região é a pesca fluvial. Destaca-se a pesca do peixe-boi, do pirarucu e do tucunaré. Os jacarés, as aves e as onças são os animais mais caçados. Embora existam leis para a preservação dos animais, a pesca e a caça são feitas sem nenhum controle.

- No extrativismo mineral se destaca a exploração de minérios metálicos: manganês, ferro, cassiterita, bauxita e ouro.

- Rondônia é responsável pela maior parte da produção nacional de cassiterita, de onde se extrai estanho, que é usado para confecção do bronze e de materiais elétricos e químicos. A maior produção de bauxita é do Pará, com a qual se produz alumínio.

- Durante muito tempo, os habitantes cultivaram apenas a mandioca, o arroz, o feijão, o milho e frutas para consumo próprio. Atualmente, pratica-se também a agricultura comercial. Os principais produtos cultivados são: soja e pimenta-do-reino.

- Na pecuária, destaca-se a criação de bovinos, suínos e bufalinos. É na Ilha de Marajó, no Pará, que se encontra o maior rebanho de búfalos do país.

Lembre que:

- Na região estão instaladas indústrias têxteis, alimentícias, madeireiras e de produtos minerais.
- A indústria desenvolveu-se principalmente em Manaus (AM) e Belém (PA). No Distrito Industrial de Manaus estão instaladas muitas indústrias de aparelhos eletroeletrônicos.
- O principal produto do comércio da região é a madeira. A cidade de Belém é o maior centro comercial regional.
- Na Zona Franca de Manaus também há um desenvolvido centro comercial.
- O tipo predominante de transporte é o **fluvial**, devido à grande quantidade de rios de planície adequados à navegação existentes na região.
- A Estrada de Ferro Carajás leva minérios da Serra de Carajás (PA) ao porto de Itaqui (MA). A Estrada de Ferro Amapá leva o manganês extraído da Serra do Navio ao Porto de Santana (AP).
- Os aeroportos mais movimentados são os de Manaus (AM) e Belém (PA).
- O turismo é uma atividade que vem crescendo na região, principalmente o turismo ligado à preservação da natureza e à pesca. As principais atrações nessa área são:
  → a floresta Amazônica e o Rio Amazonas;
  → as construções históricas em Manaus (AM);
  → o Parque Emílio Goeldi, em Belém (PA), e o Centro de Preservação de Arte Indígena, em Santarém (PA);
  → o Rio Araguaia (TO): a Ilha do Bananal e a pesca;
  → a Ilha de Marajó.

9. Qual é a atividade econômica predominante da Região Norte?

10. Que recursos são aproveitados no extrativismo vegetal da região?

11. Qual é a principal extração animal da região? Dê exemplos.

12. Quais os produtos explorados no extrativismo mineral?

13. Indique os principais produtos da agricultura da Região Norte:

   a) agricultura de subsistência.

   b) agricultura comercial.

14. Cite exemplos de produtos que são fabricados a partir de:

   • cacau

   • guaraná

   • juta

15. Onde se encontra o maior rebanho de búfalos do país?

16. Procure informações sobre as atividades econômicas abaixo e anote-as aqui.

Extrativismo animal

17. Quais as cidades da Grande Região Norte que apresentam maior desenvolvimento industrial?

18. Que cidade possui o maior centro comercial da região? Qual o principal produto?

19. Assinale **v** para as afirmações verdadeiras e **f** para as falsas:

   a) (   ) O tipo de transporte predominante é o aéreo.
   b) (   ) A estrada de ferro Carajás leva minérios da Serra de Carajás ao porto de Itaqui.
   c) (   ) As cidades de Belém e de Manaus têm os aeroportos mais movimentados.
   d) (   ) O turismo vem declinando na região.

20. Pesquise e cite pelo menos cinco atrações turísticas da Região Norte.

Lembre que:

- A maior parte da **população** da Região Norte é formada por **caboclos**, ou seja, por mestiços de brancos e indígenas. Embora o número de indígenas esteja bem reduzido, é na Região Norte que se concentra a maior **população indígena** do Brasil.

- Os habitantes concentram-se nas capitais dos estados e nas cidades ribeirinhas (localizadas à beira dos rios). Nessas localidades, um tipo de moradia muito comum é a **palafita** (casa construída sobre estacas na beira do rio).

- **Alguns** trabalhadores característicos da Região Norte são:
  → **seringueiro**: dedica-se à extração do látex;
  → **pescador**: destaca-se na pesca de subsistência e na comercialização regional;
  → **juticultor**: cultiva a juta;
  → **vaqueiro**: trabalha nos campos de Roraima e na Ilha de Marajó;
  → **garimpeiro**: trabalha à procura de ouro e diamantes;
  → **castanheiro**: responsável por colher castanha-do-pará;

- O **folclore** nortista foi muito influenciado pelos indígenas. As principais manifestações folclóricas da região são:
  → **danças**: marujada, carimbó, cirandas, bumba meu boi etc.;
  → **festas**: Círio de Nazaré em Belém (PA), boi-bumbá de Parintins (AM);
  → **artesanato**: cerâmica marajoara, máscaras, cestas e cocares indígenas, artigos feitos com palha, buriti, couro de búfalo, rendas de bilro etc.;
  → **lendas**: do Sumé, das Amazonas, da Mãe-d'água, do Curupira, da Vitória-Régia, da Mandioca, do Uirapuru etc.;
  → **pratos típicos**: caldeirada de tucunaré, tacacá, tapioca, pato no tucupi, carne de búfalo, peixes etc.

Pato no tucupi, prato típico do estado do Pará.

21. Complete:

a) O elemento étnico que representa a maior parte da população da Grande Região Norte é o _____.

b) A Região Norte concentra a maior população _____ do país.

c) A casa construída sobre estacas na beira dos rios é chamada de _____.

d) O grupo populacional que muito influenciou o folclore nortista foi o _____.

22. Faça a correspondência:

Seringueiro • • Trabalha na Ilha de Marajó.

Pescador • • Dedica-se à extração de látex.

Juticultor • • Dedica-se à pesca do pirarucu.

Vaqueiro • • Cultiva a juta.

23. Dê o nome de:
a) festas tradicionais

b) danças típicas

c) lendas

d) pratos típicos

24. Preencha a cruzada sobre a Região Norte:

1. Estado da Região Norte.
2. Tipo de vegetação.
3. De onde se extrai o látex.
4. Tipo predominante de transporte.
5. Uma lenda.
6. A maior parte da população da Região Norte é formada por.
7. Minério importante.
8. Prato típico.
9. Usina hidrelétrica instalada no rio Tocantins.
10. É extraído da cassiterita.
11. Tipo característico.

BLOCO 8

CONTEÚDOS:
- Região Nordeste
  → Aspectos físicos
  → Aspectos econômicos
  → Aspectos humanos

Lembre que:

- A Região Nordeste é a região brasileira com maior número de estados: são nove, todos banhados pelo mar. Nela localiza-se quase metade do litoral brasileiro.
- A Região Nordeste é formada pelos estados:

Estados	Siglas	Capitais
Maranhão	MA	São Luís
Piauí	PI	Teresina
Ceará	CE	Fortaleza
Rio Grande do Norte	RN	Natal
Paraíba	PB	João Pessoa
Pernambuco	PE	Recife
Alagoas	AL	Maceió
Sergipe	SE	Aracaju
Bahia	BA	Salvador

Região Nordeste

Fonte: *Atlas Geográfico Escolar*. Rio de Janeiro: IBGE, 2004.

1. Escreva o nome dos estados e pinte cada um de uma cor:

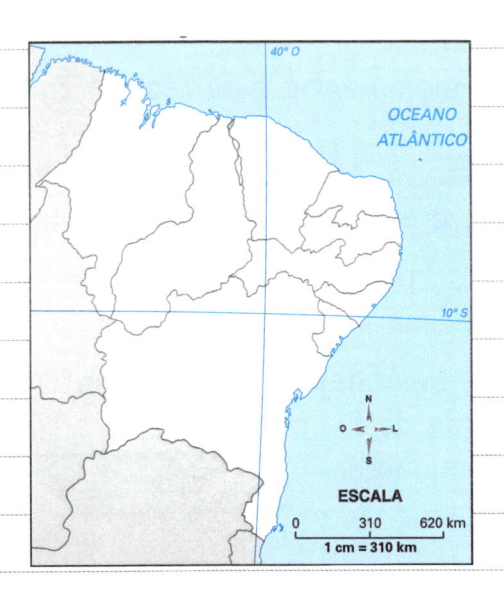

2. Escreva as siglas dos estados da Região Nordeste e suas capitais:
a) Maranhão
b) Piauí
c) Ceará
d) Rio Grande do Norte
e) Paraíba
f) Pernambuco
g) Alagoas
h) Sergipe
i) Bahia

Lembre que:

- Na Região Nordeste há quatro áreas definidas de acordo com o clima, com a vegetação e com a situação econômica:
  → **Sertão:** interior;
  → **Zona da Mata:** trecho do litoral onde havia Mata Atlântica;
  → **Agreste:** região entre o Sertão e a Zona da Mata;
  → **Meio-Norte:** faixa localizada no estado do Maranhão e parte do estado do Piauí.
- O **relevo** dessa região é formado por planaltos, depressões e uma planície.
- A **Depressão Sertaneja** e do **São Francisco** (19), que se estende da Bahia ao Ceará, é o tipo de relevo predominante.
- Destacam-se os **planaltos** e as **Serras do Atlântico Leste-Sudeste** (7), com a chapada Diamantina na Bahia, os **planaltos** e as **Chapadas da Bacia do Parnaíba** (2), no Maranhão, e o **Planalto da Borborema** (10) em Pernambuco e na Paraíba.
- As **planícies** e **tabuleiros litorâneos** (28) encontram-se ao longo do litoral.

Fonte: Jurandyr L. S. Ross. *Geografia do Brasil*. São Paulo. Edusp, 1996.

- No Nordeste, o rio permanente (que nunca seca) mais importante é o **São Francisco**. E o rio temporário (que seca durante as estiagens) mais extenso é o **Jaguaribe**, no Ceará.
- O **clima** na Região Nordeste é **tropical** e apresenta variações:
  → **tropical úmido**, na Zona da Mata;
  → **semiárido**, no sertão, com temperaturas muito elevadas e secas prolongadas;
  → **equatorial**, no oeste do Maranhão, onde se localiza parte da Floresta Amazônica. As temperaturas são altas e chove o ano todo.

Lembre que:

Região Nordeste: vegetação

[Mapa: Região Nordeste - vegetação. Fonte: Maria Elena Simielli. *Geoatlas*. São Paulo: Ática, 2005. p. 86.]

Legenda: Floresta Amazônica, Mata dos Cocais, Mata Atlântica, Cerrado, Caatinga, Campos, Vegetação litorânea.

- Os tipos de **vegetação** existentes são:

  → **Caatinga**, no sertão nordestino; é a vegetação característica da região;

  → **Cerrado**, em pontos isolados da região;

  → **Mata Atlântica**, em pequenos trechos da Zona da Mata;

  → **Floresta Amazônica**, no Meio-Norte;

  → **Mata dos Cocais**, que se desenvolve principalmente nos Estados do Maranhão e Piauí;

  → **Campos**, no meio-norte;

  → **Vegetação Litorânea**, que é constituída de mangues, nos terrenos pantanosos, coqueiros etc.

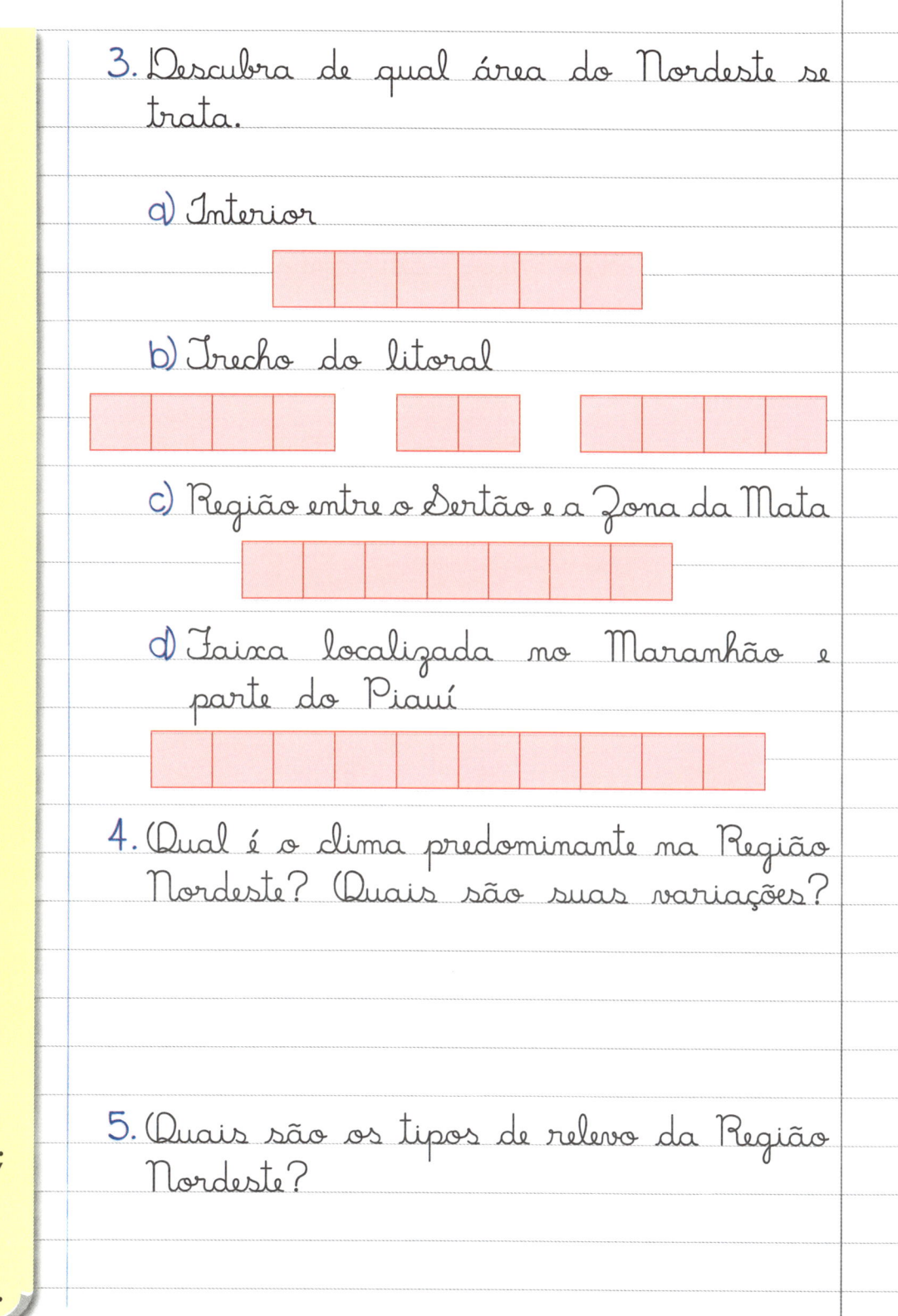

3. Descubra de qual área do Nordeste se trata.

a) Interior

☐☐☐☐☐☐

b) Trecho do litoral

☐☐☐ ☐☐ ☐☐☐☐

c) Região entre o Sertão e a Zona da Mata

☐☐☐☐☐☐

d) Faixa localizada no Maranhão e parte do Piauí

☐☐☐☐☐☐☐☐☐

4. Qual é o clima predominante na Região Nordeste? Quais são suas variações?

5. Quais são os tipos de relevo da Região Nordeste?

6. Onde se localiza a Depressão Sertaneja e do São Francisco?

7. O que são rios permanentes? Exemplifique.

8. O que são rios temporários? Exemplifique.

9. Relacione o tipo de vegetação ao local em que ela ocorre no Nordeste:

(1) Caatinga
(2) Cerrado
(3) Mata Atlântica
(4) Floresta Equatorial
(5) Mata dos Cocais

( ) Pontos isolados da região.
( ) Estados do Maranhão e do Piauí.
( ) Sertão nordestino.
( ) Pequenos trechos da Zona da Mata.
( ) Meio-Norte.

Lembre que:

- No **extrativismo vegetal**, exploram-se principalmente a **carnaúba** e o **babaçu**. Da carnaúba se aproveitam os frutos, as sementes, as folhas e as raízes. O Brasil é o único produtor de cera de carnaúba do mundo. Grande parte da produção nacional é exportada.

- Do babaçu são usados o caule, as folhas, o palmito e o coco.

- São extraídos também vegetais como a **oiticica**, a **juta**, o **caroá** (usado na fabricação de linho, cordas e tapetes), o **dendê** e a **piaçava**.

- No **extrativismo animal**, pratica-se a pesca do camarão, do atum, da tainha, da lagosta e de moluscos.

- No **extrativismo mineral**, destaca-se a exploração do **petróleo**, na Bahia, e de **sal marinho**, no Rio Grande do Norte, que é o maior produtor desse minério no Brasil.

- Outros recursos minerais da região são o **calcário**, o **mármore**, o **chumbo**, o **cobre** etc.

- A **agricultura** e a **pecuária** são as atividades mais importantes da região.

- As **culturas** mais importantes são as de **cana-de-açúcar** e **cacau**, desenvolvidas na Zona da Mata. Pernambuco e Alagoas são alguns dos maiores produtores de açúcar do Brasil. A Bahia é responsável por quase toda a produção de cacau no país.

- A **pecuária** é uma atividade tradicional no Sertão. Os principais rebanhos são de bovinos, suínos, caprinos e asininos.

Lembre que:

- As principais **indústrias** encontradas na Região Nordeste são: açucareira, de pescado, de fiação e tecelagem, petrolífera e de laticínios.
- Os principais **centros industriais** estão localizados nas cidades de Recife (PE), Salvador (BA) e Fortaleza (CE). Em Aratu e Camaçari (BA), Cabo, Jaboatão e Paulista (PE), Campina Grande (PB) e no Ceará também foram instalados centros industriais importantes.
- O **comércio** desenvolve-se principalmente nas capitais dos estados. A região vende, basicamente, algodão, açúcar, petróleo, produtos de pesca, artigos de artesanato, coco e produtos da carnaúba e do babaçu.
- A **rodovia** é a via de transporte mais utilizada na região.
- O **turismo** é uma atividade econômica que vem desenvolvendo-se muito no Nordeste. O extenso e bonito litoral é a principal causa desse crescimento.
- Os turistas visitam principalmente as praias e as cidades históricas da região.

10. Escreva com suas palavras sobre as principais atividades econômicas da Região Nordeste:
    a) extrativismo vegetal
    b) extrativismo animal
    c) extrativismo mineral

11. Procure os produtos agrícolas da Região Nordeste juntando as sílabas numeradas:

ca¹	de²	man³	fu⁴
di⁵	a⁶	çú⁷	mo⁸
o⁹	cau¹⁰	na¹¹	car¹²

a) Litoral da Bahia (1 e 10)
b) Estado de Pernambuco (1, 11, 2, 6, 7, 12)
c) Agreste e Sertão (3, 5, 9, 1)
d) Estados de Alagoas e Sergipe (4, 8)

115

12. Quais são as principais indústrias da Região Nordeste?

13. Onde estão localizados os principais centros industriais?

14. Escreva com suas palavras como se desenvolve o comércio nas grandes cidades dos estados da Região Nordeste.

15. Quais pontos são ligados pela:

a) BR-116?

b) Transnordestina?

c) Transamazônica?

d) Translitorânea?

16. Pesquise sobre as principais atrações turísticas da Região Nordeste. Anote aqui as informações obtidas.

Lembre que:

- A **população** da Região Nordeste é formada por brancos, negros e mestiços. É a segunda região mais populosa do Brasil. Entretanto, a população está distribuída de forma desigual. A maior parte das pessoas vive nas capitais dos estados e nas cidades litorâneas.
No interior, a população é menos numerosa, por causa do clima semiárido e das secas.

- Os **trabalhadores característicos** da Região Nordeste são:
  → **vaqueiro**: cuida do gado, no Sertão;
  → **jangadeiro**: dedica-se à pesca feita com embarcações chamadas jangadas;
  → **barranqueiro**: percorre o rio São Francisco de barco, levando pessoas e mercadorias;
  → **baianas**: vendem comidas típicas da região, como acarajé, vatapá etc.;
  → **rendeiras**: vivem principalmente no Ceará, fazendo rendas;
  → **coletor de coco**: retira os cocos dos coqueirais.

- As principais **manifestações folclóricas** são:
  → **danças típicas**: frevo, bumba meu boi ou boi-bumbá, maracatu, baião, capoeira, caboclinhos, bambolê, congada, cavalhada, fandango e cirandas;
  → **festas populares**: o carnaval de Salvador (BA), Olinda e Recife (PE), e as festas juninas de Caruaru (PE) e Campina Grande (PB) são as festas populares mais famosas do Nordeste. Há também a festa do Senhor do Bonfim, de Nossa Senhora da Conceição e Iemanjá, na Bahia; a missa do Vaqueiro e a Paixão de Cristo (Nova Jerusalém), em Pernambuco;
  → **lendas**: saci-pererê, curupira etc.;
  → **pratos típicos**: vatapá, caruru, acarajé, peixadas, galinha à cabidela, carne de sol, sarapatel, buchada, frutos do mar, caranguejo, tapioca, cocada e quindim;
  → **artesanato**: carrancas de madeira (do rio São Francisco), rendas, artigos de madeira, corda, palha e buriti, bordados, redes, cerâmica, garrafas com areia colorida.

17. Responda:

a) Quais os grupos étnicos que formam a população do Nordeste?

b) Como está distribuída a população do Nordeste?

c) Quais são os trabalhadores característicos da Região Nordeste?

18. Resolva a cruzadinha:

1. Estado da Região Nordeste.

2. Extração vegetal.

3. Prato típico.

4. Vegetação característica.

5. Usina hidrelétrica do Rio São Francisco.

6. Trabalhador característico da Região Nordeste.

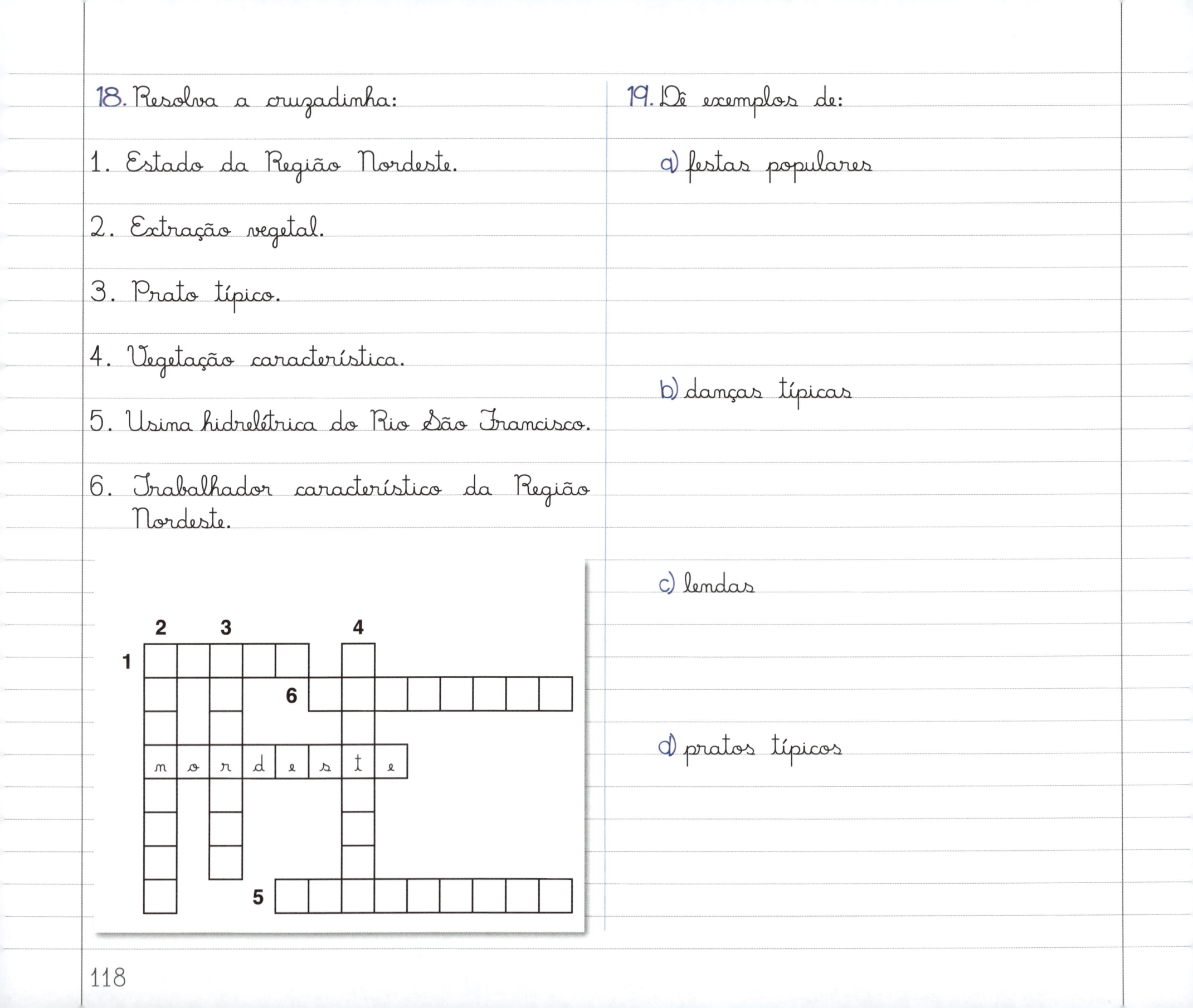

19. Dê exemplos de:

a) festas populares

b) danças típicas

c) lendas

d) pratos típicos

20. Pesquise sobre as atividades desses trabalhadores característicos da Região Nordeste e anote as informações interessantes. Escreva o nome de cada um.

BLOCO 9

CONTEÚDOS:
- Região Centro-Oeste
  → Aspectos físicos
  → Aspectos econômicos
  → Aspectos humanos

Lembre que:

- A Região Centro-Oeste é a segunda região mais extensa do Brasil.
- Ela se limita com todas as outras regiões do Brasil e com dois países da América do Sul: Bolívia e Paraguai.
- É a única região brasileira que não é banhada pelo mar.
- Ela é formada por três estados:

Estados	Siglas	Capitais
Goiás	GO	Goiânia
Mato Grosso	MT	Cuiabá
Mato Grosso do Sul	MS	Campo Grande

- No estado de Goiás localiza-se o **Distrito Federal**, onde está a cidade de **Brasília**, sede do governo brasileiro.

Região Centro-Oeste

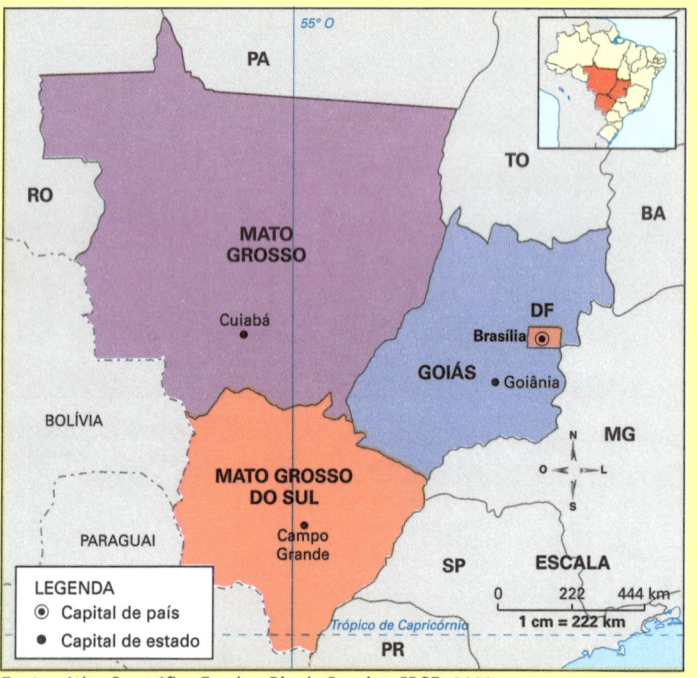

Fonte: *Atlas Geográfico Escolar*. Rio de Janeiro: IBGE, 2009.

- No **relevo** da Região Centro-Oeste temos planaltos, depressões e planícies.

  → **os planaltos:** planalto e chapada dos Parecis (4), planaltos e chapadas da bacia do Paraná (3), planaltos e serras de Goiás-Minas (8), planaltos residuais sul-amazônicos (6), planaltos residuais do Alto Paraguai (9) etc.;

  → **as depressões:** depressão marginal sul--amazônica (14), depressão do Araguaia (15), depressão do Tocantins, depressão sertaneja e do São Francisco, depressão do Alto Paraguai--Guaporé (17), depressão do Miranda (18) e a depressão cuiabana;

120

→ **as planícies:** planície do Pantanal mato-grossense (26), planície do Rio Guaporé (25) e planície do Rio Araguaia (24).

- A principal **planície** é a do Pantanal mato-grossense, que se situa em Mato Grosso e Mato Grosso do Sul, ao longo do Rio Paraguai.

- Os principais **rios** são: Xingu, Tocantins, Araguaia, Paraguai e Paraná.

Região Centro-Oeste: relevo

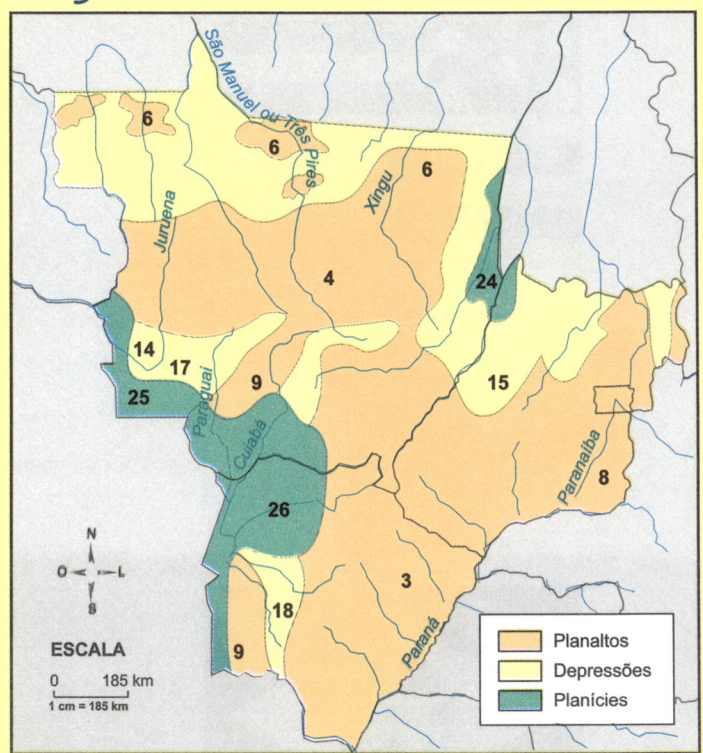

Fonte: Jurandyr L. S. Ross. *Geografia do Brasil*. São Paulo. Edusp, 1996.

- A **vegetação** típica da Região Centro-Oeste é constituída por:

    → **Cerrado:** é a vegetação característica da região. O cerrado constitui a maior pastagem natural do Brasil;

    → **Floresta Amazônica:** aparece ao norte do estado de Mato Grosso;

    → **Floresta Tropical:** localiza-se no sul dos estados de Goiás, Mato Grosso e Mato Grosso do Sul;

    → **Complexo do Pantanal:** é a vegetação típica da planície do Pantanal mato-grossense;

    → **Campos:** no sul de Mato Grosso do Sul.

- O **clima** predominante da Região Centro-Oeste é o **tropical semiárido**, com temperaturas elevadas e duas estações bem definidas: uma seca e outra chuvosa.

- Ao norte da região, onde há a Floresta Amazônica, o clima é **equatorial**, quente e úmido. As chuvas são abundantes durante todo o ano e a temperatura é elevada.

Região Centro-Oeste: clima

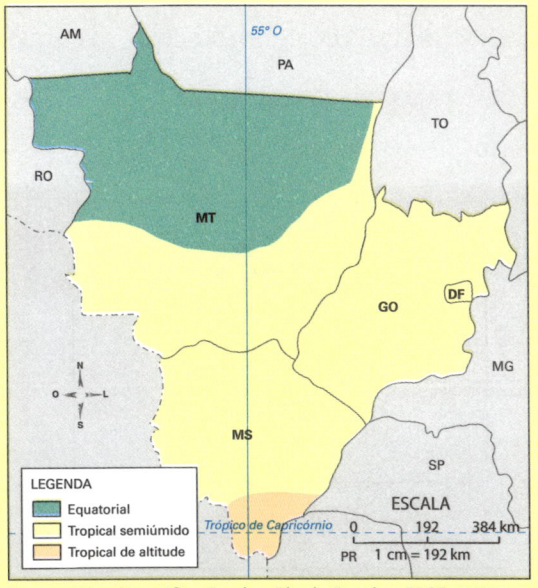

Fonte: *Atlas Geográfico Escolar*. Rio de Janeiro: IBGE, 2009.

1. Identifique e escreva no mapa da Região Centro-Oeste os nomes dos estados e suas capitais. Pinte cada estado de uma cor.

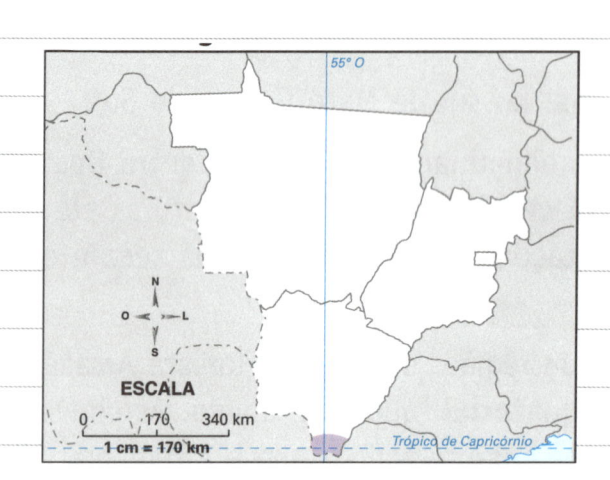

2. Faça uma pesquisa e identifique a Unidade da Federação que corresponde a cada bandeira. Indique também suas siglas e suas capitais.

_____

_____

_____

_____

3. Quais são os países que fazem limite com a Região Centro-Oeste?

4. Onde está localizado o Distrito Federal?

5. Cite as planícies da Região Centro-Oeste e dê a localização da principal delas.

6. Indique os principais rios da região.

7. Que vegetação predomina na região? Dê suas características.

8. Qual é o clima predominante na Região Centro-Oeste? Quais são as suas características?

9. Em que estado do Centro-Oeste aparece a floresta amazônica?

10. Onde está localizada a floresta tropical?

11. Onde aparece o complexo do pantanal?

Lembre que:

- No **extrativismo vegetal**, os principais produtos são: a erva-mate (que aparece junto aos vales dos rios), as madeiras de lei, o látex, o babaçu, o quebracho, a castanha-do-pará e a poaia ou ipecacuanha (produto usado na indústria farmacêutica).

- No **extrativismo animal**, jacarés são criados em cativeiro para a produção de carne e pele. A caça e a pesca são praticadas sem controle e ameaçam toda a fauna do Pantanal mato-grossense.

- No **extrativismo mineral**, destaca-se a extração de **ferro** e **manganês**, em Mato Grosso do Sul. Em Mato Grosso, exploram-se **diamante** e **ouro**. Goiás produz **amianto**, **cristais de rocha** e **níquel**.

- A **agricultura** desenvolveu-se principalmente no estado de Goiás e no sul do estado de Mato Grosso do Sul. A soja é o principal produto agrícola da região e destina-se principalmente à exportação.

- A **pecuária** é a principal atividade econômica do pantanal, que tem excelentes pastagens. A região possui o maior número de cabeças de gado do país. Outra atividade em crescimento é a criação de ovinos.

- A **atividade industrial** na região é pouco desenvolvida.

- Os principais **centros industriais** são: Goiânia e Anápolis (GO), Campo Grande e Corumbá (MS) e Brasília (DF).

- O **comércio** desenvolve-se nas capitais dos estados e nas principais cidades. A região vende arroz, ferro, manganês, cristais de rocha, borracha, carnes e derivados, erva-mate. Compra veículos, combustíveis, trigo, açúcar e máquinas.

- O **transporte rodoviário** é o tipo predominante na região.

- As principais rodovias são:
  - → **Belém – Brasília**, que liga a Região Centro-Oeste à Região Norte;
  - → **Transpantaneira**, que atravessa Mato Grosso e Mato Grosso do Sul;
  - → **Cuiabá – Santarém**, que liga a capital de Mato Grosso ao interior do Pará.

- A **ferrovia** mais importante é a Estrada de Ferro Noroeste do Brasil, que liga Corumbá (MS) a Bauru (SP).

- A **navegação fluvial** é muito utilizada para o transporte de produtos. Ela é feita no rio Paraguai e seus afluentes e num pequeno trecho do rio Paraná.

- O **transporte aéreo** de passageiros desempenha papel importantíssimo, por causa das grandes distâncias e pelo pequeno número de rodovias e ferrovias. O aeroporto de Brasília é um dos mais movimentados do país.

- O **turismo** é uma atividade em crescimento na região. Destacam-se os passeios ecológicos e a prática da pesca.

- As atrações turísticas mais visitadas são:
  - → **em Goiás:** Chapada dos Veadeiros (Alto Paraíso de Goiás), águas termais de Caldas Novas e Rio Quente, reservas ecológicas do cerrado em Serra dos Pirineus, cidade histórica de Cáceres (MT) e pesca em Corumbá (MS);
  - → **em Mato Grosso:** a Chapada dos Guimarães;
  - → **no Distrito Federal:** Brasília, reconhecida internacionalmente por sua arquitetura arrojada.

12. Indique três produtos do extrativismo vegetal na Região Centro-Oeste. Faça o mesmo com o extrativismo mineral.

13. Onde se desenvolve a agricultura na Região Centro-Oeste?

14. Qual é o rebanho mais importante na Região Centro-Oeste?

15. Por que a pecuária é a principal atividade econômica do pantanal?

16. Quais são os principais centros industriais da Região Centro-Oeste?

17. Junte as sílabas e encontre sete produtos que são vendidos na Região Centro-Oeste:

ar	er	cris	te	ro
de	ear	e	de	man
bor	tais	ra	nes	va
roz	ro	nês	cha	fer
ga	dos	ma	va	ri

18. Quais são as principais rodovias da Região Centro-Oeste?

19. Para que é utilizada a navegação fluvial na Região Centro-Oeste? Onde ocorre?

20. Qual é o principal aeroporto da região?

21. Quais os principais pontos turísticos da Região Centro-Oeste?

Lembre que:

- A Região Centro-Oeste é pouco povoada. A construção de **Brasília** (DF) contribuiu bastante para o aumento da população regional.
- A maior parte da **população** é constituída por brancos e caboclos (mestiços de brancos e indígenas).
- Os indígenas se concentram no **Parque Nacional do Xingu**, no Estado de Mato Grosso.
- Os **trabalhadores característicos** da região Centro-Oeste são:
  → **boiadeiro**: dedica-se à criação de gado;
  → **garimpeiro**: trabalha na mineração de superfície;
  → **ervateiro**: vive da colheita de erva-mate;
  → **seringueiro**: trabalha na extração do látex.
- As principais **manifestações folclóricas** são:
  → **danças**: congada, folia de reis, roda de São Gonçalo, moçambique;
  → **festas populares**: cavalhada, rodeios, festa do Divino;
  → **lendas**: do Pé de Garrafa, do Lobisomem, do Romãozinho;
  → **pratos e bebidas**: peixes, empadão goiano e galinhada. A bebida mais comum é o **chimarrão**;
  → **artesanato**: cerâmica, objetos de madeira, artigos de prata com pedras semipreciosas, cristais.

22. Como é constituída a população da Região Centro-Oeste?

23. Numere a segunda coluna de acordo com a primeira:

   (1) Boiadeiro
   (2) Garimpeiro
   (3) Ervateiro
   (4) Seringueiro

   (   ) Dedica-se à criação de gado.
   (   ) Trabalha na extração do látex.
   (   ) Dedica-se à mineração de superfície.
   (   ) Vive da colheita de erva-mate.

24. Procure saber porque o chimarrão é a bebida mais comum da região?

25. Dê exemplos de:

   a) pratos e bebidas

   b) festas tradicionais

   c) danças típicas

   d) lendas

BLOCO 10

CONTEÚDOS:
- Região Sudeste
  → Aspectos físicos
  → Aspectos econômicos
  → Aspectos humanos

- Os estados da Região Sudeste são banhados pelo Oceano Atlântico, com exceção de Minas Gerais.

Região Sudeste

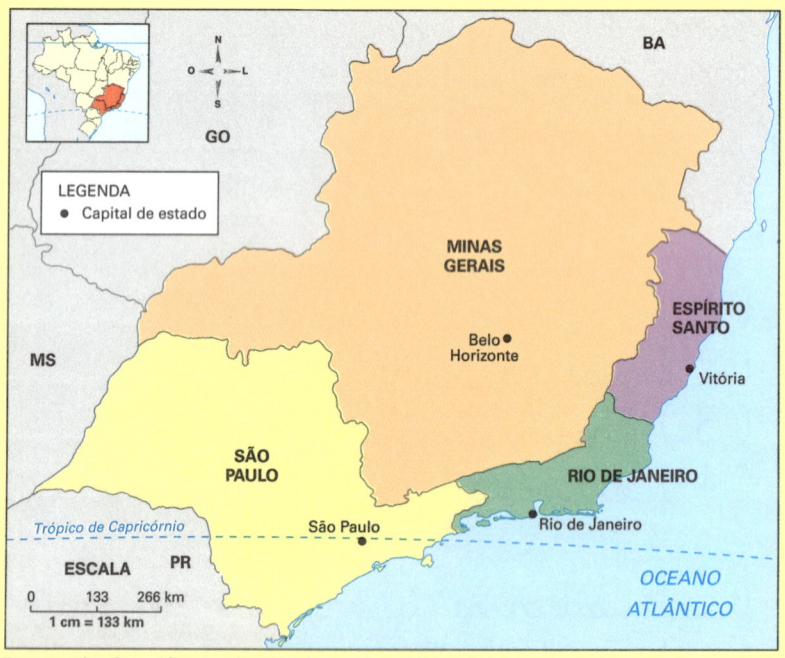

Fonte: *Atlas Geográfico Escolar*. Rio de Janeiro: IBGE, 2009.

Lembre que:

- A Região Sudeste tem a maior população brasileira. Nessa região está também a economia mais desenvolvida do Brasil.
- A Região Sudeste é formada por quatro estados:

Estados	Siglas	Capitais
Espírito Santo	ES	Vitória
Rio de Janeiro	RJ	Rio de Janeiro
Minas Gerais	MG	Belo Horizonte
São Paulo	SP	São Paulo

1. Identifique e escreva no mapa da Região Sudeste os nomes dos estados e suas capitais. Pinte cada estado de uma cor.

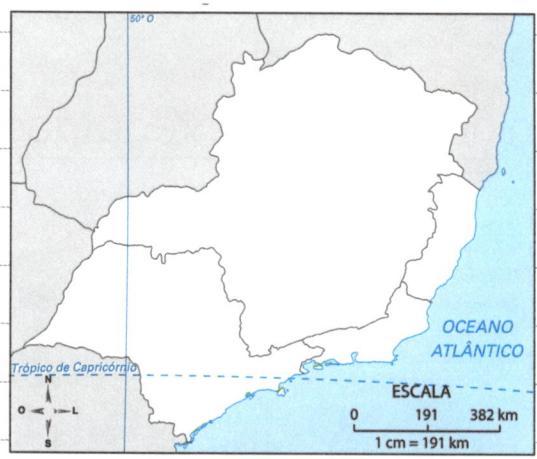

Fonte: *Atlas Geográfico Escolar*. Rio de Janeiro: IBGE, 2009.

2. Qual é o estado da Região Sudeste que não é banhado pelo Oceano Atlântico?

Lembre que:

- Nessa região predominam os **planaltos**, mas há também as **depressões** e as **planícies**. Destacam-se, na altitude e na extensão, os **planaltos** e as **serras do Atlântico-Leste-Sudeste** (7), com as **Serras de Paranapiacaba** (SP), **do Mar** (SP e RJ), **da Mantiqueira** (SP, RJ e MG), **do Caparaó** (ES e MG) e **do Espinhaço** (MG).

- Destacam-se, também, os **planaltos** e as **serras de Goiás-Minas** (8) e os **planaltos** e as **chapadas da bacia do Paraná** (3), no oeste de São Paulo e no Triângulo Mineiro (delimitado pelas cidades de Uberlândia, Uberaba e Araguari).

- Há também a **depressão sertaneja e do São Francisco** (19), em Minas Gerais, e a **depressão periférica da borda leste da bacia do Paraná** (21), em São Paulo.

Região Sudeste: relevo

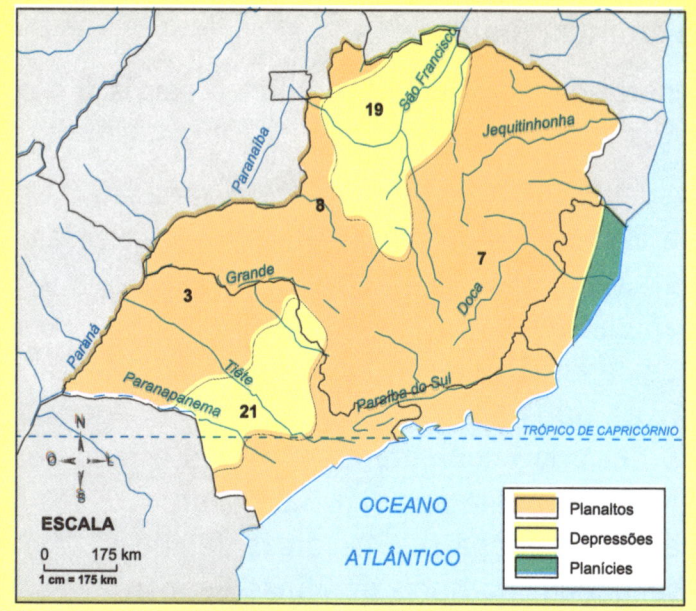

Fonte: Jurandyr L. S. Ross. *Geografia do Brasil*. São Paulo, Edusp, 2005.

129

Lembre que:

- No litoral aparecem os trechos das **planícies** e dos **tabuleiros litorâneos**, representados pelas Baixadas Fluminense (RJ) e Santista (SP).

- Os rios da **Bacia do São Francisco** e da **Bacia do Paraná** banham essa região. A Região Sudeste também é banhada por bacias fluviais do Atlântico Sul, destacando-se os rios **Jequitinhonha**, **Doce**, **Paraíba do Sul** e **Ribeira**.

- As principais usinas hidrelétricas da região são:
  → **usina hidrelétrica de Três Marias**, no Rio São Francisco (MG);
  → **complexo hidrelétrico de Urubupungá**, formado pelas usinas hidrelétricas de Ilha Solteira e Jupiá (hoje chamada Engenheiro Sousa Dias), no Rio Paraná (SP).

- O **clima** predominante nessa região é o **tropical de altitude**, com temperaturas médias e chuvas bem distribuídas nos planaltos. No litoral, o clima é o **tropical úmido**.

- Ao norte de Minas Gerais, o clima é **semiárido** com chuvas escassas.

- A vegetação da Região Sudeste é variada:
  → a **Mata Atlântica**, que cobria uma extensa área da região, atualmente está reduzida a apenas alguns trechos em Minas Gerais, no Rio de Janeiro e em São Paulo, principalmente na Serra do Mar;
  → o **Cerrado** ocupa grande parte do estado de Minas Gerais e parte de São Paulo;
  → a **Caatinga** aparece nas áreas de clima semiárido, no norte de Minas Gerais;
  → a **Vegetação Litorânea** ocupa toda a costa da Região Sudeste, com manguezais nos terrenos alagados;
  → os **Campos** aparecem nas terras mais altas dos Estados de São Paulo e de Minas Gerais;
  → a **Mata dos Pinhais** aparece no estado de São Paulo.

Região Sudeste: vegetação

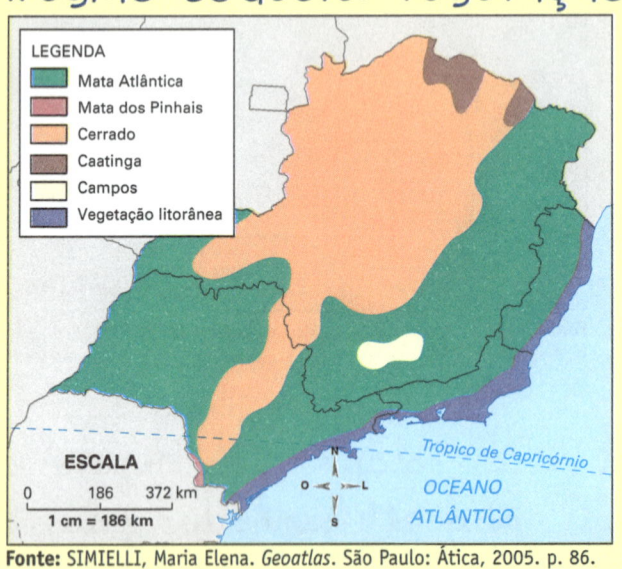

LEGENDA
- Mata Atlântica
- Mata dos Pinhais
- Cerrado
- Caatinga
- Campos
- Vegetação litorânea

Fonte: SIMIELLI, Maria Elena. *Geoatlas*. São Paulo: Ática, 2005. p. 86.

3. Quais são as formas de relevo existentes na região? Qual é a forma predominante?

4. Relacione os planaltos da região?

5. Quais são as serras que fazem parte do Atlântico-Leste-Sudeste?

6. Em que estados ficam:

   a) a Baixada Fluminense?

   b) a Baixada Santista?

7. Para que são aproveitados os rios da Região Sudeste?

8. Quais são as principais usinas hidrelétricas da região? Onde se localizam?

9. Qual é o clima que predomina na Região Sudeste? Quais são as suas características?

10. Que tipo de clima predomina no litoral?

11. Qual é o clima ao norte de Minas Gerais?

12. Relacione corretamente:

vegetação litorânea - cerrado - caatinga
campos - Mata Atlântica

Aparece nas áreas de clima semiárido.

Aparecem nas terras mais altas dos estados de São Paulo e Minas Gerais.

Ocupa toda a costa da Região Sudeste, com manguezais nos terrenos alagados.

Cobria uma extensa área da região; atualmente, existe apenas em alguns trechos da Serra do Mar.

Ocupa grande parte do estado de Minas Gerais e parte de São Paulo.

Lembre que:

- A Região Sudeste tem a economia mais desenvolvida do país.
- Apesar da grande devastação das florestas, há extração de madeiras (**extrativismo vegetal**) na Mata Atlântica, ao norte do Espírito Santo, e exploração do cerrado para se obter lenha, em Minas Gerais.
- No **extrativismo animal** destaca-se a pesca marinha, praticada especialmente nos estados de São Paulo e do Rio de Janeiro.
- O **extrativismo mineral** é o tipo de extrativismo mais praticado. O estado mais rico do país em recursos minerais é Minas Gerais.
- A área conhecida como Quadrilátero Ferrífero (próxima de Belo Horizonte) produz **ferro**, **manganês**, **ouro** e **bauxita**. Também são extraídos nesse estado **cassiterita**, **urânio**, **calcário**, **mármore**, **pedras preciosas** e **água mineral**.
- No Rio de Janeiro e Espírito Santo explora-se o **petróleo**.
- A **agricultura** é praticada em todos os estados da região. A agricultura comercial é o tipo predominante.
- Os principais produtos agrícolas são: café, cana--de-açúcar, milho, arroz, feijão, algodão, mandioca, laranja, soja, frutas e verduras.
- Na **pecuária** os principais rebanhos são bovinos e suínos.
- A **avicultura** é praticada em todos os estados da região.

Lembre que:

- A **indústria** de transformação é a principal atividade econômica da Região Sudeste.
- Essa região é a mais industrializada do país. As principais indústrias são: automobilística, petroquímica, siderúrgica e naval.
- Também há indústrias de produtos alimentícios, têxteis, de artefatos de couro, de papel, de alumínio, de bebidas, de móveis e de aparelhos eletrodomésticos.
- O **comércio** é muito desenvolvido na Região Sudeste. O maior movimento ocorre nas capitais e nas principais cidades dos estados.
- Essa região tem a mais extensa rede de **transportes** do país, destacando-se especialmente as seguintes **rodovias**:
  → BR-116, que liga as regiões Nordeste, Sudeste e Sul. Atravessa Rio de Janeiro, São Paulo e Paraná. É considerada a mais importante rodovia da região. Recebe o nome de Via Dutra no trecho Rio de Janeiro–São Paulo. Entre São Paulo e Curitiba chama-se Régis Bittencourt;
  → BR-101 (Translitorânea), que liga o Sudeste ao Nordeste e ao Sul pelo litoral;
  → BR-381 (Fernão Dias), que liga São Paulo a Minas Gerais.
- A maioria das **ferrovias** do Sudeste está ligada aos portos da região e é usada para transporte de cargas. Destaca-se a Estrada de Ferro Vitória–Minas, a **ferrovia do minério de ferro**, que liga o Quadrilátero Ferrífero (MG) aos portos de Tubarão (SC) e Vitória (ES).
- Há importantes **portos marítimos**, como Santos (SP), Rio de Janeiro (RJ), Vitória (ES) e Tubarão (SC). O porto de São Sebastião (SP) é especializado no transporte de petróleo.
- A região conta com os **aeroportos** de maior movimentação de passageiros no Brasil: Cumbica e Congonhas (SP), Galeão e Santos Dumont (RJ), e Tancredo Neves e Pampulha (MG).
- O **turismo** é muito desenvolvido principalmente nas cidades históricas de Minas Gerais; no Rio de Janeiro, com suas praias e atividades culturais, e em São Paulo, pelas atividades de comércio e cultura.

13. Aponte o que a Região Sudeste produz por meio do:

a) extrativismo vegetal

b) extrativismo animal

c) extrativismo mineral

14. Responda:

   a) Qual é o estado do Sudeste mais rico em recursos minerais?

   b) Em quais estados é explorado petróleo?

   c) Qual o tipo de agricultura predominante no Sudeste?

   d) Qual estado da Região Sudeste é o maior produtor de bovinos?

15. Qual é a principal atividade econômica da Região Sudeste?

16. Indique os principais tipos de indústria bem desenvolvidos nessa região.

17. Pesquise sobre a BR-116 que liga as Regiões Nordeste, Sudeste e Sul. Anote as informações abaixo e ilustre se puder.

18. Complete a cruzadinha usando as palavras:

> Santos   Tubarão   Automobilística
> Comércio   Eletrodoméstico
> Petróleo   Minas Gerais

(cruzadinha com a palavra "sudeste" na vertical)

19. Recorte de jornais ou revistas artigos interessantes sobre o turismo na cidade do Rio de Janeiro e cole-as abaixo.

Lembre que:

- A **população** da Região Sudeste é formada por brancos, afrodescendentes, mestiços, mulatos, caboclos e também por imigrantes – italianos, portugueses, japoneses etc. e seus descendentes.

- São Paulo, Minas Gerais e Rio de Janeiro são os estados mais populosos do país. As capitais, São Paulo e Rio de Janeiro, são as cidades com maior número de habitantes no Brasil.

- Os **trabalhadores característicos** da Região Sudeste são:
  → **garimpeiro**: trabalhador que se dedica à extração de pedras preciosas e semipreciosas;
  → **colono**: trabalhador agrícola;
  → **boia-fria**: trabalha no campo em uma jornada diária e que leva a sua refeição para o local no qual exerce a atividade;
  → **peão**: amansador de cavalos, burros e bestas; condutor de tropas; ajudante de boiadeiro; trabalhador rural, servente de obra.

- São elementos do **folclore** da Região Sudeste:
  → **festas populares**: carnaval; festas religiosas e procissões, reisado e rodeios;
  → **danças**: fandango, folia de reis, catira, batuque, samba, moçambique, caboclinhos e caiapó;
  → **lendas**: do Lobisomem, da Mula sem cabeça, da Iara, do Saci-pererê;
  → **pratos típicos**: tutu de feijão, feijoada, feijão tropeiro, peixes, ostras, virado à paulista;
  → **artesanato**: destacam-se os trabalhos em pedra-sabão, bordados, redes, trabalhos em cerâmica, argila, cipó, taquara, conchas do mar, tricô, crochê e cristais.

20. Como é formada a população da Região Sudeste?

21. Dê os exemplos de:

a) danças

b) pratos típicos

c) lendas

d) festas populares

BLOCO 11

CONTEÚDOS:

- Região Sul
  → Aspectos físicos
  → Aspectos econômicos
  → Aspectos humanos

Região Sul

Fonte: *Atlas Geográfico Escolar*. Rio de Janeiro: IBGE, 2009.

Lembre que:

- A Região Sul é a menor das regiões brasileiras.
- Ela é formada por três estados:

Estados	Siglas	Capitais
Paraná	PR	Curitiba
Santa Catarina	SC	Florianópolis
Rio Grande do Sul	RS	Porto Alegre

1. Identifique e escreva no mapa da Região Sul os nomes dos estados e suas capitais. Pinte cada estado de uma cor.

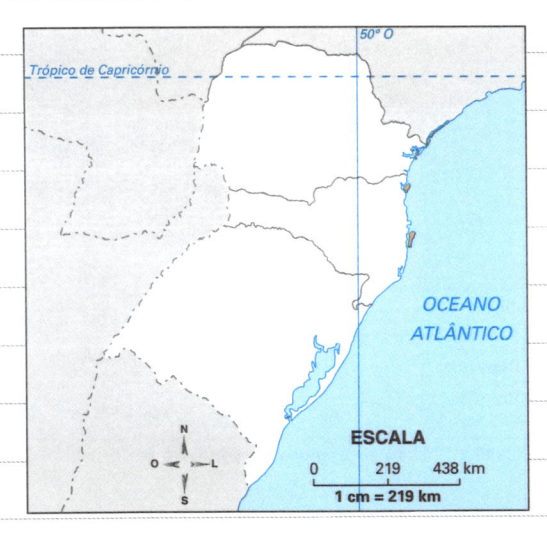

Lembre que:

- No **relevo** dessa região predominam os **planaltos** e as **chapadas da Bacia do Paraná**, no oeste de todos os estados, especialmente nos solos de terra roxa (solo muito fértil).

- No trecho leste da região, do Paraná ao nordeste do Rio Grande do Sul, estão localizados os **planaltos** e as **serras do Atlântico-Leste-Sudeste**, com a Serra do Mar.

- No Rio Grande do Sul destaca-se, também, o **Planalto sul-rio-grandense**.

Região Sul: relevo

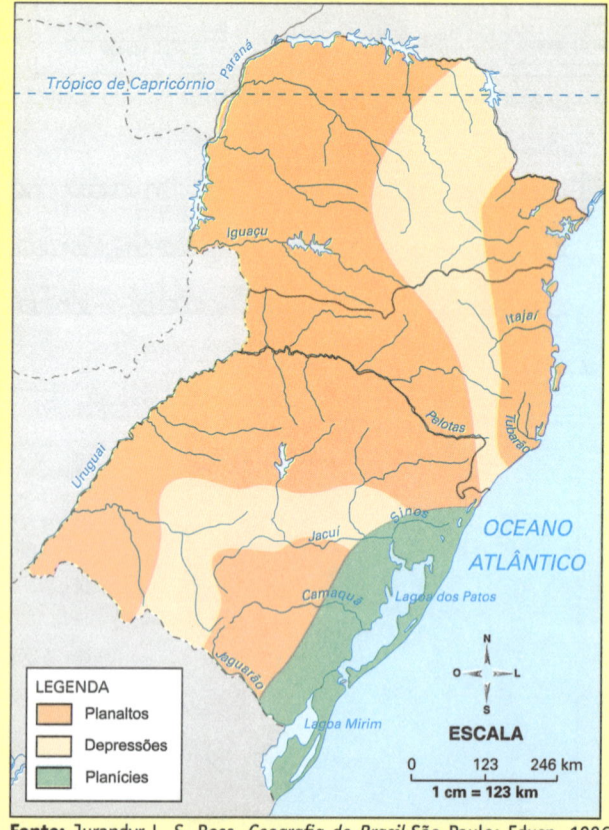

LEGENDA
- Planaltos
- Depressões
- Planícies

ESCALA: 0 — 123 — 246 km (1 cm = 123 km)

Fonte: Jurandyr L. S. Ross. *Geografia do Brasil*. São Paulo: Edusp, 1996.

Lembre que:

- Os **rios** mais extensos da região são o Paraná e o Uruguai.

- No Rio Paraná, um rio de planalto, está localizada a maior usina do país: a **Usina Hidrelétrica de Itaipu**. Ela pertence ao Brasil e ao Paraguai.

- Os Rios Itajaí, Jacuí, Capivari, Pelotas, Camaquã e Jaguarão, da bacia do Atlântico Sul, trechos Sul e Sudeste, são utilizados para a navegação.

- O Sul é a região mais fria do Brasil. O **clima** predominante é o **subtropical**, com verão ameno e inverno bem rigoroso. As chuvas são bem distribuídas durante todo o ano.

- No inverno, ocorrem geadas e chega a nevar em cidades de maior altitude.

- O norte do Paraná apresenta o clima tropical de **altitude**, com duas estações, verão ameno e chuvoso e inverno seco.

- A vegetação da Região Sul apresenta:

  → **Floresta das Araucárias** ou **Mata dos Pinhais**: principal tipo de vegetação da região;

  → **Mata Atlântica**: nas encostas das serras do Mar e Geral, já bastante devastada;

  → **Vegetação Litorânea**: os mangues e a vegetação de restinga nas áreas baixas do litoral;

  → **Campos Limpos** ou **Campinas**: aparecem principalmente na região dos Pampas. Constituem excelentes pastagens para o gado.

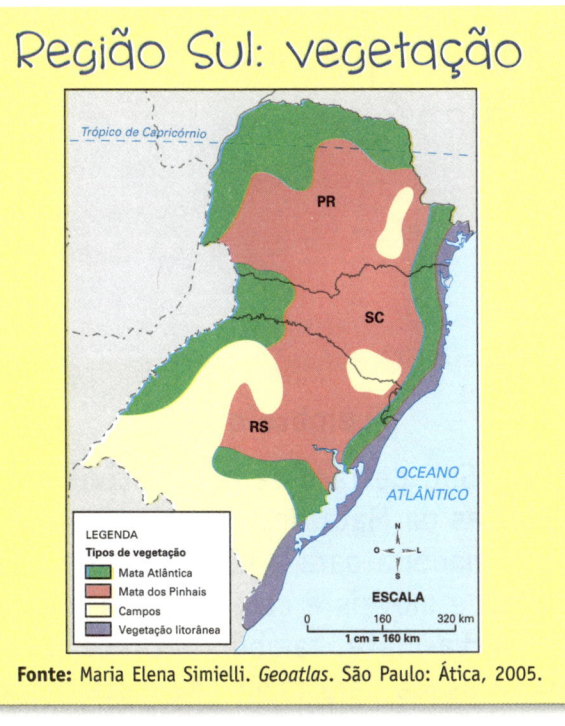

Região Sul: vegetação

Fonte: Maria Elena Simielli. *Geoatlas*. São Paulo: Ática, 2005.

2. Quais as formas de relevo que predominam na Região Sul?

3. Relacione corretamente:

1. Planaltos e chapadas da bacia do Paraná.
2. Planaltos e serras do Atlântico-Leste-Sudeste.
3. Planície das Lagoas dos Patos e Mirim.
4. Planalto sul-rio-grandense.

(   ) Menores altitudes da região.
(   ) Localizam-se no lado oeste da região.
(   ) Situam-se no lado leste da região.
(   ) Ocorre somente no Rio Grande do Sul.

4. Complete os espaços em branco:

a) Os rios mais extensos da Região Sul são _____ e _____.

b) A bacia do Atlântico Sul, trecho sul e sudeste da região, é formada pelos rios _____, _____, _____, _____ e _____.

c) Uma das maiores hidrelétricas do mundo, a _____, está localizada no _____, que é um rio de _____.

139

5. Qual o clima predominante no Sul? Dê suas características.

6. Relacione a segunda coluna de acordo com a primeira:

(1) floresta das araucárias
(2) Mata Atlântica
(3) vegetação litorânea
(4) campos limpos

(   ) Encontrada nas encostas das serras do Mar e Geral.
(   ) Encontrada nos litorais.
(   ) Aparecem principalmente nos Pampas.
(   ) Principal tipo de vegetação da região.

7. Qual é a importância dos campos limpos?

8. De que é formada a floresta das araucárias?

Lembre que:

- Na Região Sul, destaca-se o **extrativismo vegetal** de **madeiras** da Mata dos Pinhais. Os pinheiros fornecem madeira para a fabricação de material de construção e móveis e celulose para produção de papel. A **erva-mate**, também retirada da Mata dos Pinhais, é usada para fazer chá-mate e chimarrão.
- No **extrativismo animal**, a **pesca** é uma atividade econômica importante na região. Santa Catarina e Rio Grande do Sul produzem principalmente crustáceos (camarão, caranguejo, lagosta etc.) e moluscos (ostras etc.).
- No extrativismo mineral, o produto mais explorado nessa região é o **carvão mineral**. É extraído principalmente em Santa Catarina, mas também é encontrado no Rio Grande do Sul. O **cobre** e o **xisto** betuminoso também são minerais extraídos na região.
- A **agricultura** e a **pecuária** são as principais atividades econômicas da região. O Sul é responsável por mais da metade da produção nacional de trigo, soja, uva, milho, centeio, cevada, aveia e fumo. A região também é grande produtora de café, arroz, feijão, sorgo e algodão.
- A **pecuária** é uma atividade bastante desenvolvida e conta com excelentes pastagens. Os principais rebanhos são os de bovinos e de suínos. A criação de ovinos e de aves também é a maior do Brasil.

Lembre que:

- A **indústria** da Região Sul é a segunda mais desenvolvida do Brasil.
- As indústrias de **produtos alimentícios**, papel, bebidas, madeira e móveis, calçados, fumo, têxteis, química e petroquímica são as principais da região.
- O **comércio** da região é muito ativo.
- A Região Sul é bem servida por uma moderna **rede de transportes**. O transporte rodoviário é o mais utilizado.
- As **rodovias** mais importantes são:
  → a BR-101 (Litorânea) e a BR-116, que ligam a Região Sul à Região Sudeste e ao restante do país;
  → a BR-376 (Rodovia do Café), entre Curitiba e o oeste paranaense.
- As **ferrovias** são utilizadas principalmente para o transporte de produtos até os portos.
- O **turismo** tem um papel econômico importante na Região Sul. As cataratas do Iguaçu e a Usina Hidrelétrica de Itaipu (no Paraná) são muito visitadas. Também se destacam:
  → praias de Santa Catarina, do Paraná e do Rio Grande do Sul;
  → cidades da serra gaúcha;
  → Reserva Biológica do Arvoredo (Bombinhas) e Parque Nacional Aparados da Serra (Cambará do Sul), em Santa Catarina;
  → Parque Nacional de Vila Velha e Ilha do Mel, no Paraná.

9. Quais os produtos que se destacam no extrativismo vegetal da Região Sul?

10. O carvão mineral é extraído, principalmente, em qual estado da Região Sul?

11. Procure em jornais e revistas ilustrações relacionadas ao extrativismo na Região Sul e cole-as abaixo:

Extrativismo vegetal

Extrativismo animal

Extrativismo mineral

12. Quais são as principais atividades econômicas da Região Sul?

13. Por que a produção agrícola da Região Sul é muito grande?

14. Quais os principais rebanhos da Região Sul?

15. Quais os principais tipos de indústria da Região Sul?

16. Cite o nome de uma Rodovia da Região Sul e sua extensão.

Lembre que:

- Os brancos descendentes de imigrantes europeus formam a maior parte da **população** da Região Sul. Os descendentes de africanos, os indígenas e os mestiços são encontrados em menor número. O litoral e as capitais são as áreas mais povoadas.

- Os **trabalhadores característicos** da Região Sul são:
  → **gaúcho**: primitivamente, o habitante do campo, descendente, na maioria, de indígenas, de portugueses e espanhóis. Natural do interior do Uruguai e de parte da Argentina. Peão de estância; cavaleiro hábil;
  → **ervateiro**: aquele que negocia com erva-mate ou se entrega à colheita e preparação desse vegetal;
  → **madeireiro**: negociante de madeira; cortador de madeira nas matas; aquele que trabalha em madeira;
  → **pescador**: vive no litoral e se dedica à pesca.

- O **folclore** foi muito influenciado pelos europeus que vieram morar na região.
  → **danças típicas**: congada, cateretê, chula, chimarrita, jardineira, marujada, balaio, boi de mamão, pau de fitas;
  → **festas tradicionais**: de Nossa Senhora dos Navegantes, da Uva, festas juninas; rodeios;
  → **lendas**: do Negrinho do Pastoreio, do Sapé-Tiaraju, do Boitatá, do Boi-Guaçu, do Curupira, do Saci-Pererê etc.;
  → **pratos típicos**: churrasco, arroz de carreteiro, marreco, galeto, barreado, bijajica etc.;
  → **bebida típica**: chimarrão;
  → **produtos típicos**: renda de bilro, cerâmica, artigos em couro e lã.

17. Pesquise sobre o turismo na Região Sul. Destaque a atração turística que você achou mais interessante e escreva algo sobre ela.

18. Como é formada a população da Região Sul? Onde está concentrada?

19. Descreva os trabalhadores característicos da Região Sul:

   a) gaúcho

   b) ervateiro

   c) pescador

   d) madeireiro

20. Dê exemplos de:

   a) produtos típicos

   b) lendas

   c) festas tradicionais

   d) pratos típicos

   e) bebida típica